GLESS 1973

LA COMTESSE
DE CHARNY

PAR

ALEXANDRE DUMAS.

11

PARIS
ALEXANDRE CADOT, ÉDITEUR,
37, RUE SERPENTE.
1853

LA COMTESSE DE CHARNY.

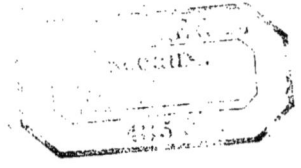

Ouvrages de Xavier de Montépin.

Les Oiseaux de Nuit.	5 vol.
Le Vicomte Raphaël.	5 vol.
Mignonne.	3 vol.
Brelan de Dames.	4 vol.
Le Loup noir.	2 vol.
Confessions d'un Bohême.	5 vol.
Les Amours d'un Fou.	4 vol.
Pivoine.	2 vol.
Les Viveurs d'autrefois.	4 vol.
Les Chevaliers du Lansquenet.	10 vol.

Sous presse.

Mademoiselle Kérovan.

Ouvrages de G. de La Landelle.

Falkar le Rouge.	5 vol.
Le Morne aux Serpents.	2 vol.
Les Iles de Glace.	4 vol.
Une Haine à Bord.	2 vol.
Les Princes d'Ébène.	5 vol.

Ouvrages d'Alexandre Dumas fils.

Tristan le Roux.	3 vol.
La Dame aux camélias.	1 vol.
Aventures de quatre femmes.	6 vol.
Le docteur Servans.	2 vol.
Le Roman d'une femme.	4 vol.
Césarine.	1 vol.

Sous presse.

Les Amours véritables.

Impr. de E. Dépée, à Sceaux (Seine).

LA COMTESSE

DE CHARNY

PAR

ALEXANDRE DUMAS.

11

PARIS
ALEXANDRE CADOT, ÉDITEUR,
37, RUE SERPENTE.

1853

I

La voie douloureuse.

La voiture royale suivait tristement la route de Paris, surveillée par ces deux hommes sombres qui venaient de lui faire rebrousser chemin, lorsque — entre Épernay et Dormans — Charny put, grâce à sa grande taille, et du haut du siége où il était placé, apercevoir une autre voiture venant de Paris au galop de quatre chevaux de poste.

Charny devina immédiatement que cette voiture apportait quelque nouvelle grave, ou amenait quelque personnage important.

En effet, lorsqu'elle eut joint l'avant-garde de l'escorte, on vit, après deux ou trois paroles échangées, les rangs de cette avant-garde s'ouvrir, et les hommes qui la composaient présenter respectueusement les armes.

La berline du roi s'arrêta, et l'on put entendre de grands cris.

Toutes les voix répétaient en même temps : « Vive l'Assemblée nationale ! »

La voiture qui venait du côté de Paris continua son chemin jusqu'à ce qu'elle fût arrivée près de la berline du roi.

Alors, de cette voiture, descendirent trois hommes, dont deux étaient complètement inconnus aux augustes prisonniers.

Le troisième avait à peine mis la tête à la portière, que la reine murmura à l'oreille de Louis XVI :

— M. de Latour-Maubourg ! l'âme damnée de la Fayette !

Puis, secouant la tête :

— Cela ne nous présage rien de bon ! ajouta-t-elle.

De ces trois hommes, le plus âgé s'avança, et, ouvrant brutalement la portière de la voiture du roi :

— Je suis Pétion, dit-il, et voici MM. Barnave et Latour-Maubourg, envoyés comme moi et avec moi par l'Assemblée nationale pour vous servir d'escorte, et veiller à ce que la colère du peuple ne se fasse pas justice elle-même... Serrez-vous donc un peu, et faites-nous place !

La reine lança sur le député de Chartres et ses deux compagnons un de ces coups d'œil dédaigneux comme il en tombait, de temps en temps, du haut de l'orgueil de la fille de Marie-Thérèse.

M. de Latour-Maubourg, gentilhomme

courtisan de l'école de la Fayette, ne put supporter ce regard.

— Leurs Majestés sont déjà bien pressées dans cette voiture, dit-il ; moi, je monterai dans la voiture de suite.

— Montez où vous voudrez, dit Pétion ; quant à moi, ma place est dans la voiture du roi et de la reine, et j'y monte.

En même temps, il entra dans la voiture.

Au fond, étaient assis le roi, la reine et madame Elisabeth.

Pétion les regarda l'un après l'autre.

Puis, s'adressant à madame Élisabeth :

— Pardon, madame, dit-il, mais, comme représentant de l'Assemblée, la place d'honneur m'appartient... Ayez donc l'obligeance de vous lever et de vous asseoir sur le devant.

— Oh! par exemple!... murmura la reine.

— Monsieur! fit le roi.

— C'est comme cela... Allons, levez-vous, madame, et me donnez votre place.

Madame Élisabeth se leva et céda sa place en faisant à son frère et à sa belle-sœur un signe de résignation.

Pendant ce temps, M. de Latour-Maubourg s'était esquivé, et était allé demander une place aux deux dames du cabriolet avec plus de courtoisie certainement que ne venait de le faire Pétion à l'endroit du roi et de la reine.

Barnave était resté dehors, hésitant à entrer dans cette berline où se trouvaient déjà pressées sept personnes.

— Eh bien ! Barnave, dit Pétion, ne venez-vous pas?

— Mais où me mettre? demanda Barnave un peu embarrassé.

— Voulez-vous ma place, monsieur? demanda aigrement la reine.

— Je vous remercie, madame, répondit Barnave blessé; une place sur le devant me suffira.

Par un même mouvement, madame Élisabeth attira à elle Madame Royale, tandis que la reine prenait le Dauphin sur ses genoux.

De cette manière, une place se fit sur le devant de la voiture, et Barnave se trouva en face de la reine, genoux à genoux avec elle.

— Allons, dit Pétion sans demander l'autorisation du roi, en route!

Et la voiture se remit en marche aux cris de : « Vive l'Assemblée nationale ! »

Le peuple venait à son tour de monter

dans les carosses du roi avec Barnave et Pétion ; — quant à ses preuves, il les avait faites le 14 juillet et les 5 et 6 octobre.

Il y eut un moment de silence pendant lequel, — à part Pétion, qui, enfermé dans sa rudesse, semblait être indifférent à tout, — chacun s'examina.

Qu'on nous permette de dire quelques mots des personnages que nous venons d'introduire en scène.

Jérôme Pétion dit de Villeneuve, était un homme de trente-deux ans à peu près, gros, blond, rose, frais, et dont tout le mérite consistait dans l'exaltation, la netteté et la conscience de ses principes politiques. Il était né à Chartres, y avait été reçu avocat, et avait été envoyé à Paris comme membre de l'Assemblée nationale en 1789. Il devait être maire de Paris, jouir d'une popularité destinée à effacer celle des Bailly et des la Fayette, — et mourir dans les landes de Bordeaux dévoré par les loups. Ses amis l'appelaient le vertueux Pétion. Lui et Camille Desmoulins étaient déjà républicains en France, quand personne ne l'était encore.

Pierre-Joseph-Marie Barnave était né à Grenoble. Il avait trente ans à peine. Envoyé à l'Assemblée nationale, il s'y était acquis à la fois une grande réputation et une grande popularité en luttant avec Mirabeau, au moment où baissait la popularité et la réputation du député d'Aix ; tous ceux qui étaient les ennemis du grand orateur, — et Mirabeau jouissait de ce privilège des hommes de génie d'avoir pour ennemi tout ce qui est médiocre, — tous les ennemis de Mirabeau s'étaient faits les amis de Barnave, et l'avaient soutenu, soulevé, grandi dans les luttes orageuses qui avaient accompagné la fin de la vie de l'illustre tribun. C'était — nous parlons de Barnave — un jeune homme de trente ans à peu près, comme nous l'avons dit, en paraissant tout au plus vingt-cinq, avec de beaux yeux bleus, la bouche grande, le nez retroussé et la voix aigre. Sa personne, d'ailleurs, était élégante ; agressif et duelliste, il semblait un jeune capitaine déguisé en bourgeois ; son aspect était sec, froid et méchant ; — il valait mieux que ne l'annonçait son aspect.

Il appartenait au parti royaliste constitutionnel.

Au moment où il prenait sa place sur le devant, et s'asseyait en face de la reine :

— Messieurs, dit Louis XVI, je commence par vous déclarer que mon intention n'a jamais été de quitter le royaume.

Barnave, à moitié assis, s'arrêta et regarda le roi.

— Dites-vous vrai, Sire? demanda-t-il ; en ce cas, voilà un mot qui sauvera la France.

Alors, il se passa quelque chose d'étrange entre cet homme, parti de la bourgeoisie d'une petite ville de province, et cette femme descendue à moitié d'un des plus grands trônes du monde.

Tous deux essayèrent de lire dans le cœur l'un de l'autre, non pas comme deux ennemis politiques qui veulent y chercher des secrets d'État, mais comme un homme et une femme qui y cherchent des mystères d'amour.

D'où venait dans le cœur de Barnave

ce sentiment qu'y surprit, au bout de quelques minutes d'étude, l'œil perçant de Marie-Antoinette ?

Nous allons le dire et mettre au jour une de ces tablettes du cœur qui font les légendes secrètes de l'histoire, et qui, au jour des grandes décisions du destin, pèsent plus dans la balance que le gros livre des évènements officiels.

Barnave avait la prétention d'être, en toutes choses, le successeur et l'héritier de Mirabeau ; or, à son avis, il était déjà le successeur et l'héritier du grand orateur à la tribune.

Mais restait un autre point.

Aux yeux de tous, — nous savons,

nous, ce qui en était, — Mirabeau avait passé pour être honoré de la confiance du roi et de la bienveillance de la reine ; cette seule et unique conférence qu'avait obtenue le négociateur au château de Saint-Cloud avait été transformée en plusieurs audiences secrètes dans lesquelles la présomption de Mirabeau aurait été jusqu'à l'audace, et la condescendance de la reine jusqu'à la faiblesse. A cette époque, il était de mode, non-seulement de calomnier la pauvre Marie-Antoinette, mais encore de croire à ces calomnies.

Or, ce qu'ambitionnait Barnave, c'était la succession tout entière de Mirabeau. De là son ardeur à se faire nommer l'un des trois commissaires à envoyer près du roi.

Il avait été nommé, et il venait avec cette assurance d'un homme qui sait que, dans le cas où il n'aurait pas le talent de se faire aimer, il aura du moins la puissance de se faire haïr.

Voilà ce que, avec son rapide coup d'œil de femme, la reine avait pressenti, presque deviné.

Puis ce qu'elle devinait encore, c'était la préoccupation actuelle de Barnave.

Cinq ou six fois, dans l'espace du premier quart d'heure où Barnave se trouva vis-à-vis d'elle, le jeune député se retourna pour examiner avec une scrupuleuse attention les trois hommes qui étaient sur le siége de la voiture, et, du siége de la voiture, son regard redescendait, chaque fois, plus dur et plus hostile sur la reine.

En effet, Barnave savait que l'un de ces trois hommes,—lequel? il l'ignorait, — était le comte de Charny, et le bruit public donnait le comte de Charny pour amant à la reine.

Barnave était jaloux. Explique qui pourra ce sentiment dans le cœur du jeune homme, mais cela était ainsi.

Voilà ce que la reine devina.

Et, du moment où elle l'eut deviné, elle

fût bien forte : elle connaissait le défaut de la cuirasse de son adversaire; il ne s'agissait plus que de frapper, et de frapper juste.

— Monsieur, dit-elle s'adressant au roi, vous avez entendu ce que disait cet homme qui conduit l'escorte?

— A quel propos, madame? demanda le roi.

— A propos de M. le comte de Charny.

Barnave tressaillit.

Ce tressaillement ne put échapper à la reine, qui touchait son genou du sien.

— N'a-t-il pas déclaré, dit le roi, qu'il prenait sur lui la responsabilité de la vie du comte?

— Justement, monsieur, et il a ajouté qu'il répondait de cette existence à la comtesse...

Barnave ferma les yeux à moitié, mais écouta de façon à ne pas perdre une syllabe de ce qu'allait dire la reine.

— Eh bien? demanda le roi.

— Eh bien, monsieur, la comtesse de Charny est mon ancienne amie mademoiselle Andrée de Taverney... Ne trouvez-vous pas qu'à notre retour à Paris, il serait bon que je donnasse congé à M. de Charny, afin qu'il pût rassurer sa femme?... Il a couru de grands risques ; son frère a été tué pour nous : je crois que lui demander la continuation de ses services près de vous, Sire, serait faire une chose cruelle à ces deux époux...

Barnave respira et ouvrit de grands yeux.

— Vous avez raison, madame, répondit le roi, quoique, à vrai dire, je doute que M. de Charny accepte.

— Eh bien, dans ce cas, dit la reine, chacun de nous aura fait ce qu'il devait faire, nous, en offrant ce congé à M. de Charny, M. de Charny en le refusant.

La reine sentit en quelque sorte, par une communication magnétique, se détendre l'irritation de Barnave ; en même temps, lui, cœur généreux, comprenant son injustice vis-à-vis de cette femme, il en eut honte.

Il s'était, jusqu'alors, tenu la tête haute et insolente, comme un juge devant une coupable qu'il avait droit de juger et de condamner, et voilà que, tout à coup, cette coupable, répondant à une accusation qu'elle ne pouvait deviner, disait le mot ou de l'innocence ou du repentir.

Mais pourquoi pas de l'innocence ?

— Nous serons d'autant plus forts, continua la reine, que nous n'avons pas emmené M. de Charny, et que, moi, je le supposais, pour mon compte, bien tranquille à Paris, quand je l'ai vu apparaître tout à coup à la portière de la voiture.

— C'est vrai, répondit le roi; mais cela vous prouve que le comte n'a pas besoin d'être stimulé lorsqu'il croit accomplir un devoir.

Elle était innocente, il n'y avait plus de doute!

Oh! comment Barnave se ferait-il pardonner de la reine cette mauvaise pensée qu'il avait eue contre la femme?

Adresser la parole à la reine? Barnave n'osait pas. Attendre que la reine parlât la première? Mais la reine, satisfaite de l'effet qu'avait produit le peu de paroles qu'elle avait dites, la reine ne parlait plus.

Barnave était redevenu doux, presque humble ; Barnave implorait la reine du regard ; mais la reine ne paraissait faire aucune attention à Barnave.

Le jeune homme était dans un de ces états d'exaltation nerveuse où, pour être remarqué d'une femme inattentive, on entreprendrait les douze travaux d'Hercule au risque de succomber dès le premier.

Il demandait à l'Être suprême, — en 1791, on ne demandait déjà plus à Dieu, — il demandait à l'Être suprême de lui envoyer une occasion quelconque d'attirer sur lui les yeux de la royale indifférente, lorsque, tout à coup, comme si l'Être suprême eût entendu la prière que lui adressait le jeune député, un pauvre prêtre qui attendait sur le bord de la route le passage du roi, s'approchant pour voir de plus près l'auguste prisonnier, leva au ciel ses yeux pleins de larmes et ses mains suppliantes, en disant :

— Sire ! Dieu garde Votre Majesté !

Il y avait longtemps que le peuple n'avait eu le sujet ou le prétexte de se mettre en colère ; rien ne s'était présenté depuis qu'il avait mis en morceaux le vieux chevalier de Saint-Louis dont la tête suivait, toujours portée au bout d'une pique.

Une occasion lui était enfin offerte ; il la saisit avec empressement.

Au geste du vieillard, à la prière qu'il prononçait, le peuple répondit par un rugissement ; il se jeta sur le prêtre ; — en un instant, et avant que Barnave fût tiré de sa rêverie, le prêtre était renversé à terre, et allait être écharpé quand la reine s'écria, s'adressant à Barnave :

— Oh ! monsieur, ne voyez-vous pas ce qui se passe ?

Barnave releva la tête, plongea un regard rapide vers l'océan où venait de disparaître le pauvre vieillard, et qui roulait en vagues tumultueuses et grondantes autour de la voiture, et, voyant ce dont il s'agissait :

— Oh ! misérables ! s'écria-t-il en s'élançant avec une telle violence, que la portière s'ouvrit, et qu'il fût tombé si, par un de ces premiers mouvements du cœur si prompts chez madame Elisabeth. celle-ci ne l'eût retenu par la basque de son habit; — oh! tigres! vous n'êtes donc pas Français?... ou la France, le peuple des braves, est-il devenu un peuple d'assassins?

L'apostrophe nous paraîtra peut-être, à nous, un peu prétentieuse, mais elle était dans le goût du temps; d'ailleurs, Barnave représentait l'Assemblée nationale; c'était le pouvoir suprême qui parlait par sa voix : le peuple recula, le vieillard fut sauvé !

Il se releva en disant :

— Vous avez bien fait de me sauver, jeune homme..., un vieillard priera pour vous.

Et, faisant le signe de la croix, il se retira.

Le peuple le laissa passer, dominé par le geste et le regard de Barnave, qui semblait la statue du commandement.

Puis, quand le vieillard fut loin, le jeune député se rassit simplement, naturellement, n'ayant pas l'air de se douter qu'il venait de sauver la vie à un homme.

— Monsieur, dit la reine, je vous remercie.

Et, à ces seules paroles, Barnave frissonna de tout son corps.

C'est que, sans contredit, pendant cette longue période que nous venons de parcourir avec la malheureuse Marie-Antoinette, elle avait été plus belle, mais jamais aussi touchante.

En effet, au lieu de trôner comme reine, elle trônait comme mère : elle avait, à sa gauche, le Dauphin, charmant enfant aux cheveux blonds qui était passé, avec l'insouciance et la naïveté de son âge, des genoux de sa mère entre les jambes du vertueux Pétion, lequel s'humanisait au point de jouer avec ses cheveux bouclés ; elle avait, à sa droite, sa fille, Madame Royale, qui semblait un portrait de sa mère à la première fleur de la jeunesse et de la beauté; enfin, elle-même, elle avait, à la place de la couronne d'or de la royauté, la couronne d'épines du malheur, et, au-dessus de ses yeux nacrés, de son front pâli, sa magnifique chevelure blonde, au milieu de laquelle brillaient quelques fils d'argent venus avant l'âge, et qui parlaient plus éloquemment au cœur du jeune député que n'eût pu faire la plainte la plus douloureuse.

Il contemplait cette grâce royale, et se sentait tout prêt à tomber aux genoux de cette Majesté mourante, lorsque le Dauphin jeta un cri de douleur.

L'enfant avait fait au vertueux Pétion

je ne sais quelle espièglerie dont celui-ci jugeait à propos de le punir en lui tirant vigoureusement l'oreille.

Le roi rougit de colère ; la reine pâlit de honte ; elle étendit les bras, et enleva l'enfant d'entre les jambes de Pétion, et, comme Barnave fit le même mouvement qu'elle, le Dauphin, transporté par leurs quatre bras, et tiré à lui par Barnave, se trouva sur les genoux de ce dernier.

Marie-Antoinette voulut l'attirer sur les siens.

— Non, dit le Dauphin, je suis bien là.

Et, comme Barnave, qui avait vu le mouvement de la reine, écartait le bras pour la laisser libre dans l'exécution de sa volonté, la reine — était-ce coquetterie de mère? était-ce séduction de femme? — laissa le jeune prince où il était.

Il se passa en ce moment dans le cœur de Barnave quelque chose d'impossible à rendre : il était fier et heureux tout à la fois.

L'enfant se mit à jouer avec le jabot de Barnave, puis avec sa ceinture, puis avec les boutons de son habit de député.

Ces boutons surtout occupèrent le jeune prince : ils portaient une devise gravée.

Le Dauphin épela les lettres les unes après les autres, et finit, en les assemblant, par lire ces quatre mots : « Vivre libre ou mourir. »

— Qu'est-ce que cela veut dire, monsieur? demanda-t-il.

Barnave hésita à répondre.

— Cela veut dire, mon petit bonhomme, expliqua Pétion, que les Français ont fait serment de n'avoir plus de maître... Comprends-tu cela?

— Pétion ! s'écria Barnave.

— Eh bien, mais, répondit Pétion le plus naturellement du monde, explique la devise autrement, si tu lui connais un autre sens.

Barnave se tut; cette devise, qu'il trouvait sublime la veille, lui semblait presque cruelle dans la situation présente.

Mais il prit la main du Dauphin, et abaissa respectueusement ses lèvres sur cette main.

La reine essuya furtivement une larme montée de son cœur à sa paupière.

Et la voiture, théâtre de ce petit drame étrange, simple jusqu'à la naïveté, continua de rouler à travers les cris de la foule grondante, conduisant à la mort six des huit personnes qu'elle contenait.

On arriva à Dormans.

II

La voie douloureuse.

Là, rien n'avait été préparé pour la réception de la famille royale, qui fut forcée de descendre dans une auberge.

Soit par ordre de Pétion, — que le silence du roi et de la reine avait fort blessé pendant la route, — soit que l'auberge fût réellement pleine, on ne trouva pour les augustes prisonniers que trois mansardes dans lesquelles ils s'intallèrent.

En descendant de voiture, Charny, selon son habitude, avait voulu s'approcher du roi et de la reine pour prendre leurs ordres; mais la reine, d'un seul coup d'œil, lui avait fait signe de se tenir à l'écart.

Sans savoir la cause de cette recommandation, le comte s'était empressé d'y obéir.

C'était Pétion qui était entré dans l'auberge, et qui s'était chargé des fonctions de maréchal des logis. Il ne se donna pas même la peine de redescendre, et ce fut un garçon qui vint annoncer que les chambres de la famille royale étaient prêtes.

Barnave était assez embarrassé ; il mourait d'envie d'offrir son bras à la reine, mais il craignait que celle qui jadis avait si fort raillé l'étiquette, dans la personne de madame de Noailles, ne l'invoquât lorsque lui, Barnave, y manquerait.

Le roi descendit le premier, s'appuyant aux bras des deux gardes, MM. de Malden et de Valory. — Charny, on le sait déjà, sur un signe de Marie-Antoinette, s'était retiré un peu à l'écart.

La reine descendit ensuite, et tendit

les bras pour qu'on lui donnât le Dauphin ; mais, comme si le pauvre enfant eût senti le besoin que sa mère avait de cette flatterie :

— Non, dit-il, je veux rester avec mon ami Barnave.

Marie-Antoinette fit un signe d'assentiment accompagné d'un doux sourire. Barnave laissa passer madame Elisabeth et madame Royale ; puis il descendit tenant le Dauphin dans ses bras.

Madame de Tourzel venait ensuite, n'aspirant qu'à reprendre son royal élève des mains indignes qui le tenaient ; mais un nouveau signe de la reine calma l'aristocratique ardeur de la gouvernante des enfants de France.

La reine monta l'escalier, sale et tortueux, s'appuyant au bras de son mari.

Au premier étage, elle s'arrêta croyant avoir assez fait en montant vingt marches; mais la voix du garçon cria :

— Plus haut! plus haut!

Et, sur cette invitation, la reine continua de monter.

La sueur de la honte perla sur le front de Barnave.

— Comment, plus haut? demanda-t-il.

— Oui, dit le garçon, ici, c'est la salle à manger et les appartements de messieurs de l'Assemblée nationale.

Un éblouissement passa sur les yeux de Barnave. — Pétion avait pris les appartements du premier pour lui et ses collègues, et il avait relégué la famille royale au second.

Cependant, le jeune député ne dit rien ; mais, craignant sans doute le premier mouvement de la reine lorsqu'elle verrait les chambres du second étage, destinées par Pétion à elle et à sa famille, en arrivant à ce second étage, Barnave déposa l'enfant sur le palier.

— Madame, madame, dit le jeune prince s'adressant à sa mère, voilà mon ami Barnave qui s'en va !

— Il fait bien ! dit en riant la reine, qui

venait de jeter un coup d'œil sur l'appartement.

Cet appartement, comme nous l'avons dit, se composait de trois petites pièces se commandant les unes les autres.

La reine s'installa dans la première avec Madame Royale ; madame Elisabeth prit la seconde pour elle, le Dauphin et madame de Tourzel ; enfin, le roi prit la troisième, qui était un petit cabinet ayant, en retour, une porte de sortie sur l'escalier.

Le roi était fatigué : il voulut, en attendant le souper, se jeter quelques instants sur son lit ; mais ce lit était si court, qu'au bout d'une minute, il fut obligé de se lever, et, ouvrant la porte, demanda une chaise.

MM. de Malden et de Valory étaient déjà à leur poste sur les marches de l'escalier. M. de Malden, qui se trouvait le plus à portée, descendit, prit une chaise dans la salle à manger, et la monta au roi.

Louis XVI, qui avait déjà une chaise de bois dans son cabinet, accommoda cette seconde chaise que lui apportait M. de Malden, pour en faire un lit à sa taille.

— Oh ! Sire, dit M. de Malden en joignant les mains, et en secouant douloureusement la tête, comptez-vous donc passer la nuit ainsi ?

— Certainement, monsieur, dit le roi.

Puis il ajouta :

— D'ailleurs, si ce que l'on me crie aux oreilles de la misère de mon peuple est vrai, combien de mes sujets seraient heureux d'avoir ce petit cabinet, ce lit et ces deux chaises !

Et il s'étendit sur cette couche improvisée, préludant ainsi aux longues douleurs du Temple.

Un instant après, on vint annoncer à Leurs Majestés qu'elles étaient servies.

Le roi descendit et vit six couverts sur la table.

— Pourquoi ces six couverts? demanda-t-il.

— Mais, dit le garçon, un pour le roi, un pour la reine, un pour madame Élisabeth, un pour Madame Royale, un pour monseigneur le Dauphin, et un pour M. Pétion.

— Et pourquoi pas un aussi pour M. Barnave et un pour M. Latour-Maubourg? demanda le roi.

— Ils y étaient, Sire, répondit le garçon; mais M. Barnave les a fait ôter.

— Et il y a laissé celui de M. Pétion?

— M. Pétion a exigé qu'il restât.

En ce moment, la figure grave, plus que grave, austère, du député de Chartres parut dans l'encadrement de la porte.

Le roi fit comme s'il n'était pas là, et répondit au garçon :

— Je ne me mets à table qu'avec ma famille ; nous mangeons entre nous, ou avec les gens que nous invitons ; autrement, nous ne mangeons pas.

— Je savais bien, dit Pétion, que Votre Majesté avait oublié le premier article de la *Déclaration des droits de l'homme*, mais je croyais qu'elle aurait au moins l'air de s'en souvenir.

Le roi fit semblant de ne pas entendre

Pétion, comme il avait fait semblant de ne pas le voir, et, d'un signe des yeux et du sourcil, il ordonna au garçon d'enlever le couvert.

Le garçon obéit ; Pétion sortit furieux.

— Monsieur de Malden, dit le roi, tirez la porte, afin que, autant que possible, nous soyons chez nous.

M. de Malden obéit à son tour, et Pétion put entendre la porte qui se fermait derrière lui.

Le roi arriva ainsi à dîner en famille.

Les deux gardes du corps servirent comme d'habitude.

Quant à Charny, il ne parut point : — s'il n'était plus le serviteur, il était toujours l'esclave de la reine.

Mais il y avait des moments où cette obéissance passive à la reine blessait la femme; ainsi, pendant tout le souper, Marie-Antoinette, impatiente, chercha des yeux Charny ; elle eût voulu qu'après lui avoir obéi un instant, il finît par lui désobéir.

Au moment où le roi, le souper terminé, remua sa chaise pour se lever de table, le salon s'ouvrit, et le garçon, entrant, pria, au nom de M. Barnave, Leurs Majestés de vouloir bien prendre l'appartement du premier à la place du leur.

Louis XVI et Marie-Antoinette se regardèrent. Fallait-il faire de la dignité, et repousser la courtoisie de l'un pour punir la grossièreté de l'autre? Peut-être eût-ce été l'avis du roi; mais le Dauphin courut au salon en criant :

— Où est-il, mon ami Barnave?

La reine suivit le Dauphin, et, le roi, la reine.

Barnave n'était point au salon.

Du salon, la reine passa dans les chambres : il y en avait trois comme à l'étage supérieur.

On n'avait pu faire de l'élégance, mais on avait fait de la propreté : des bougies brûlaient dans des chandeliers de cuivre, c'est vrai, mais brûlaient à profusion.

Deux ou trois fois pendant la route, la reine s'était écriée en passant devant de beaux jardins garnis de fleurs : la chambre de la reine était garnie des plus belle fleurs d'été ; en même temps que les fenêtres ouvertes permettaient aux parfums trop âcres de s'échapper, les rideaux de mousseline fermant l'ouverture de ces fenêtres s'opposaient à ce qu'un regard indiscret poursuivît chez elle l'auguste prisonnière.

C'était Barnave qui avait veillé à tout cela.

Elle soupira, la pauvre reine ! six ans

auparavant, c'est Charny qui eût pris tous ces soins !

Au reste, Barnave eut la délicatesse de ne pas venir chercher un remerciement.

C'est encore là ce qu'eût fait Charny !

Comment un petit avocat de province avait-il les mêmes attentions et les mêmes délicatesses qu'aurait eues l'homme le plus élégant et le plus distingué de la cour ?

Il y avait certes là-dedans de quoi faire rêver une femme, cette femme fût-elle reine !

Aussi la reine rêva-t-elle à cet étrange mystère une partie de la nuit.

Pendant ce temps, que devenait le comte de Charny?

Charny, nous l'avons vu, sur le signe que lui avait fait la reine, s'était retiré, et, depuis ce moment, n'avait pas reparu.

Charny, que son devoir enchaînait aux pas de Louis XVI et de Marie-Antoinette, était heureux que l'ordre de la reine, dont il ne chercha pas même la cause, lui eût donné un moment de solitude et de réflexion.

Il avait vécu si rapidement depuis trois jours; il avait vécu tellement hors de lui-même, pour ainsi dire; il avait tant vécu pour les autres, qu'il n'était pas fâché de laisser pendant quelques instants à elle-même la douleur d'autrui pour revenir à sa propre douleur.

Charny était le gentilhomme des anciens jours, l'homme de la famille surtout : il adorait ses frères, dont il était plutôt le père que le frère aîné.

A la mort de Georges, sa douleur avait été grande ; mais, au moins, il avait pu, agenouillé près du cadavre dans cette petite et sombre cour de Versailles, répandre sa douleur avec ses larmes ; mais, au moins, il lui restait son second frère Isidore, sur lequel toute son affection s'était reportée ; Isidore, qui lui était devenu plus cher encore, s'il était possible, pendant les trois ou quatre mois qui avaient précédé son départ, et où le jeune homme lui avait servi d'intermédiaire près d'Andrée.

Nous avons tâché, sinon de faire comprendre, du moins de raconter ce singulier mystère de certains cœurs que la séparation anime au lieu de les refroidir, et qui puisent dans l'absence un nouvel aliment au souvenir qui les occupe.

Eh bien, moins Charny voyait Andrée, plus il pensait à elle; et penser de plus en plus à Andrée, pour Charny, c'était de plus en plus l'aimer.

En effet, quand il voyait Andrée, quand il était près d'Andrée, il lui semblait purement et simplement être près d'une statue de glace que le moindre rayon d'amour ferait fondre, et qui, retirée à l'ombre et en elle-même, craignait autant l'amour que — de glace véritablement — une statue craindrait le soleil ; il était en contact avec ce geste lent et froid, avec cette parole grave et contenue, avec ce regard muet et voilé ; derrière ce geste, derrière cette parole, derrière ce regard, il ne voyait, disons, mieux, il n'entrevoyait rien.

Tout cela était blanc, pâle, laiteux comme l'albâtre, froid et terne comme lui.

C'était ainsi, — sauf de rares intervalles d'animation amenés par des situations violentes, — que lui était apparue Andrée, pendant leurs dernières entrevues, et surtout pendant celle qu'il avait eue avec la malheureuse jeune femme, rue Coq-Héron, le soir où elle avait à la fois retrouvé et perdu son fils.

Mais, dès qu'il s'éloignait d'elle, la distance produisait son effet ordinaire, en éteignant les teintes trop vives, en estompant les contours trop arrêtés. Alors, le geste lent et froid d'Andrée s'animait; alors, la parole grave et contenue d'Andrée devenait timbrée et sonore; alors, le regard muet et froid d'Andrée soulevait sa longue paupière, et lançait une flamme humide et dévorante ; alors, il semblait à Charny qu'un feu intérieur s'allumait au cœur de la statue, et qu'à travers l'albâtre de ses chairs, il voyait circuler le sang, et battre le cœur.

Ah! c'était dans ces moments d'absence et de solitude; qu'Andrée était la véritable rivale de la reine ! c'était dans l'obscurité fiévreuse de ces nuits que Charny croyait tout à coup voir s'ouvrir la muraille de sa chambre, ou se soulever la tapisserie de sa porte, et s'approcher de son lit, les bras ouverts, les lèvres murmurantes, l'œil plein d'amour, cette statue transparente que le feu de son âme éclairait au dehors; alors, Charny, lui aussi, tendait les bras ; alors, Charny appelait la douce vision ; alors, Charny essayait de presser le fantôme sur son cœur... Mais, hélas ! le fantôme lui échappait ; il n'embrassait que le vide, et retombait dans la triste et froide réalité !

Isidore lui était donc devenu plus cher que ne l'avait jamais été Georges ; — et, nous l'avons vu, le comte n'avait pas eu la sombre joie de pleurer sur le cadavre d'Isidore, comme il avait eu celle de pleurer sur le cadavre de Georges.

Tous deux, l'un après l'autre, étaient tombés pour cette femme fatale, pour cette cause pleine d'abîmes !

Pour la même femme et dans un abîme pareil, lui, Charny, tomberait certainement à son tour...

Eh bien, depuis deux jours, depuis la mort de son frère, depuis cette dernière étreinte qui avait laissé ses habits teints de sang, ses lèvres tièdes du dernier soupir de la victime ; depuis cette heure à laquelle M. de Choiseul lui avait remis les papiers trouvés sur Isidore, à peine avait-il eu un instant à donner à cette grande douleur.

Ce signe de la reine qui lui avait indiqué de se tenir à l'écart, il l'avait donc reçu comme une faveur, accepté comme une joie.

Dès lors, il avait cherché un coin, un endroit, une retraite où, tout en demeurant à portée de venir au secours de la famille royale au premier appel, au premier cri, il pût néanmoins être bien seul avec sa douleur, bien isolé avec ses larmes.

Il avait trouvé une mansarde située au

haut du même escalier où veillaient MM. de Malden et de Valory.

Une fois là, seul, enfermé, assis devant une table, éclairé par une de ces lampes de cuivre à trois becs comme nous en retrouvons encore aujourd'hui dans quelques vieilles maisons de village, il avait tiré de sa poche les papiers ensanglantés, seules reliques qui lui restassent de son frère.

Puis, le front dans ses deux mains, les yeux fixés sur ces lettres où continuaient de vivre les pensées de celui qui n'était plus, il avait, pendant longtemps, laissé couler de ses joues sur la table des larmes pressées et silencieuses.

Enfin, il poussa un soupir, releva et

secoua la tête, prit et déplia une lettre.

Elle était de la pauvre Catherine.

Charny soupçonnait depuis plusieurs mois cette liaison d'Isidore avec la fille du fermier, lorsque, à Varennes, Billot s'était chargé de la lui raconter dans tous ses détails ; mais, seulement après le récit du fermier, il lui avait accordé toute l'importance qu'elle méritait de prendre dans son esprit.

Cette importance s'accrut encore à la lecture de la lettre ; alors, il vit ce titre de maîtresse rendu sacré par le titre de mère, et, dans les termes si simples où Catherine exposait son amour, toute la vie de la femme donnée en expiation de la faute de la jeune fille.

Il en ouvrit une seconde, puis une troisième ; c'étaient toujours les mêmes plans d'avenir, les mêmes espérances de bonheur, les mêmes joies maternelles, les mêmes craintes d'amante, les mêmes regrets, les mêmes douleurs, les mêmes repentirs.

Tout à coup, au milieu de ces lettres, il en vit une dont l'écriture le frappa.

L'écriture était d'Andrée.

Elle lui était adressée, à lui.

A la lettre, un papier plié en quatre était attaché par un cachet en cire aux armes d'Isidore.

Cette lettre de l'écriture d'Andrée,

adressée à lui, Charny, et retrouvée parmi les papiers d'Isidore, lui parut une chose si étrange, qu'il commença par ouvrir le billet annexé à la lettre avant d'ouvrir la lettre elle-même.

Le billet, écrit au crayon par Isidore, — sans doute sur quelque table d'auberge, et tandis qu'on lui sellait un cheval, — contenait ces quelques lignes :

« Cette lettre est adressée, non point à moi, mais à mon frère le comte Olivier de Charny ; elle est écrite par sa femme, la comtesse de Charny ; s'il m'arrivait malheur, celui qui trouverait ce papier est prié de le faire passer au comte Olivier de Charny, ou de le renvoyer à la comtesse.

« Je le tiens de celle-ci avec la recommandation suivante :

« *Si, dans l'entreprise qu'il poursuit, le comte réussissait sans accident, rendre la lettre à la comtesse ;*

« *S'il était blessé grièvement, mais sans danger de mort, le prier d'accorder à sa femme la grâce de le rejoindre ;*

« *Enfin, s'il était blessé à mort, lui donner cette lettre, et, s'il ne peut la lire lui-même, la lui lire, afin qu'avant d'expirer, il connaisse le secret qu'elle contient.*

« Si la lettre est renvoyée à mon frère, le comte de Charny, comme, sans doute, ce billet lui sera remis en même temps, il agira à l'égard des trois recommandations ci-dessus ainsi que sa délicatesse lui conseillera de le faire.

« Je lègue à ses soins la pauvre Catherine Billot, qui habite le village de Ville-d'Avray avec mon enfant.

« Isidore de Charny. »

D'abord, le comte parut entièrement absorbé par la lecture de ce billet de son frère ; ses larmes, un instant arrêtées, recommencèrent à couler avec la même abondance ; puis, enfin, ses yeux, encore voilés de pleurs, se portèrent sur la lettre de madame de Charny ; il la regarda longtemps, la prit, la porta à ses lèvres, l'appuya sur son cœur, comme si elle eût pu communiquer à ce cœur le secret qu'elle contenait, relut une fois encore, puis deux fois, puis trois fois la recommandation de son frère.

Puis, à demi-voix, et secouant la tête :

— Je n'ai pas le droit d'ouvrir cette lettre, dit-il ; mais je la supplierai tant elle-même, qu'elle me laissera lire...

Et, comme pour s'encourager dans cette résolution, impossible à un cœur moins loyal que le sien, il répéta encore :

— Non, je ne la lirai pas !

En effet, il ne la lut point ; mais le jour le surprit assis à la même table, et dévorant du regard, l'adresse de cette lettre, toute humide de son haleine, tant il l'avait pressée de fois contre ses lèvres.

Tout à coup, au milieu du bruit qui se faisait dans l'hôtel, annonçant que le départ se préparait, on entendit la voix de M. de Malden, qui appelait le comte de Charny.

— Me voici ! répondit le comte.

Et, serrant dans la poche de son habit les papiers du pauvre Isidore, il baisa une dernière fois la lettre intacte, la mit, elle, sur son cœur, et descendit rapidement.

Il rencontra sur l'escalier Barnave, qui demandait des nouvelles de la reine, et qui chargeait M. de Valory de prendre ses ordres pour l'heure du départ.

Il était facile de voir que Barnave ne s'était pas plus couché et n'avait pas plus dormi que le comte Olivier de Charny.

Les deux hommes se saluèrent, et Charny eût certainement remarqué l'éclair de jalousie qui passa dans les yeux de Barnave en l'entendant s'informer lui-même de la santé de la reine, s'il eût pu se préoccuper d'autre chose que de cette lettre qu'il pressait du bras contre son cœur.

III

La voie douloureuse.

(*Suite.*)

En remontant en voiture, le roi et la reine virent avec étonnement qu'ils n'avaient plus autour d'eux pour les regarder partir que la population de la ville, et pour les accompagner que de la cavalerie.

C'était encore une attention de Barnave : il savait ce que, la veille, la reine, forcée de marcher au pas, avait souffert de la chaleur, de la poussière, des insectes, de la multitude, des menaces faites à ses gardes et aux fidèles serviteurs qui venaient pour lui adresser un dernier salut ; il avait feint d'avoir reçu la nouvelle d'une invasion : M. de Bouillé rentrait en France avec cinquante mille autrichiens ; c'était contre lui que devait se porter tout homme ayant un fusil, une faulx, une pique, une arme quelconque enfin ; — et toute la population avait entendu cet appel, et était retournée sur ses pas.

C'est qu'alors, il y avait en France une véritable haine de l'étranger, haine si puissante, qu'elle l'emportait sur celle que l'on avait vouée au roi et à la reine, — à la reine, dont le plus grand crime était d'être étrangère.

Marie-Antoinette devina d'où lui venait ce nouveau bienfait; nous disons *bienfait*, et le mot n'est point exagéré. Elle remercia Barnave d'un coup d'œil.

Au moment où elle allait prendre place dans la voiture, son regard avait cherché celui de Charny ; Charny était déjà sur son siége ; seulement, au lieu de se placer au milieu comme la veille, il avait obstinément voulu céder à M. de Malden cette place, moins dangereuse que celle qu'avait occupée jusque-là le fidèle garde du corps. Charny eût désiré qu'une blessure lui permît d'ouvrir cette lettre de la comtesse qui lui brûlait le cœur!

Il ne vit donc point le regard de la reine qui cherchait le sien.

La reine poussa un profond soupir.

Barnave l'entendit.

Inquiet de savoir où allait ce soupir, le jeune homme s'arrêta sur le marchepied de la voiture.

— Madame, dit-il, je me suis aperçu hier que vous étiez bien serrée dans cette berline; une personne de moins vous fera quelque allégement... si vous le désirez, je monterai dans la voiture de suite avec M. de Latour-Maubourg, ou je vous accompagnerai à cheval.

Barnave, en faisant une pareille offre, eût donné la moité des jours qui lui restaient à vivre, — et il ne lui en restait pas beaucoup, — pour que cette offre fût refusée.

Elle le fut.

— Non, dit vivement la reine, restez avec nous... vous !

En même temps, le Dauphin disait en étendant ses petites mains pour attirer à lui le jeune député :

— Mon ami Barnave, mon ami Barnave, je ne veux pas que tu t'en ailles !

Barnave, radieux, reprit sa place de la veille ; à peine y fut-il assis, que le Dauphin à son tour passa des genoux de la reine sur les siens.

La reine embrassa, en le laissant glisser de ses mains, le Dauphin, sur les deux joues.

La trace humide de sa lèvre resta empreinte sur la peau veloutée de l'enfant. Barnave regarda cette trace du baiser maternel comme Tentale devait regarder les fruits qui pendaient sur sa tête.

— Madame, dit-il à la reine, Votre Majesté daignerait-elle m'accorder la faveur d'embrasser l'auguste prince, qui, guidé par l'instinct infaillible de son âge, veut bien m'appeler son ami ?

La reine fit, en souriant, un signe de tête.

Alors, les lèvres de Barnave se collèrent sur cette trace des lèvres de la reine avec une telle ardeur, que l'enfant effrayé jeta un cri.

La reine ne perdait rien de tout ce jeu où Barnave apportait sa tête ; peut-être n'avait-elle pas plus dormi que Barnave et Charny ; peut-être cette espèce d'animation qui rendait la vie à ses yeux était-elle causée par la fièvre intérieure qui la brûlait ; mais ses lèvres, couvertes d'une couche de pourpre; ses joues, légèrement teintées d'un rose presque imperceptible, faisaient d'elle cette dangereuse syrène qui, avec un de ses cheveux, était sûre de conduire ses adorateurs jusqu'à l'abîme.

Grâce à la précaution de Barnave, la voiture faisait, maintenant, deux lieues à l'heure.

A Château-Thierry, l'on s'arrêta pour dîner.

La maison où l'on fit halte était située près de la rivière, dans une position charmante, et appartenait à une riche marchande de bois qui n'avait point attendu qu'on la désignât, mais qui, la veille, apprenant que la famille royale devait passer par Château-Thierry, avait fait partir à cheval un de ses commis, pour offrir à messieurs les délégués de l'Assemblée nationale de leur donner, ainsi qu'au roi et à la reine, l'hospitalité dans sa maison.

L'offre avait été acceptée.

Aussitôt que la voiture s'arrêta, un concours empressé de serviteurs indiqua aux augustes prisonniers une réception toute différente de celle qu'ils avaient subie, la veille, à l'auberge de Dormans. La reine, le roi, madame Elisabeth, madame de Tourzel et les deux enfants furent conduits dans des chambres séparées où tous les préparatifs étaient faits pour que chacun pût donner à sa toilette les soins les plus minutieux.

Depuis son départ de Paris, la reine n'avait point rencontré pareille prévoyance ; les habitudes les plus délicates de la femme venaient d'être caressées par cette aristocratique attention. Marie-

Antoinette, qui commençait à apprécier de pareils soins, demanda, pour la remercier, sa bonne hôtesse.

Un instant après, une femme de quarante ans, fraîche encore, et mise avec une simplicité extrême, se présenta ; — elle avait eu, jusque-là, la modestie de se tenir loin des regards de ceux qu'elle recevait.

— C'est vous, madame, qui êtes la maîtresse de la maison? lui demanda la reine.

— Oh! madame, s'écria l'excellente femme en fondant en larmes, partout où Votre Majesté daigne s'arrêter, et, quelle que soit la maison honorée de sa présence, là où est la reine, la reine est la seule maîtresse.

Marie-Antoinette jeta un regard autour de la chambre pour voir si elles étaient bien seules.

Puis, s'étant assurée que personne ne pouvait ni voir ni entendre :

— Si vous vous intéressez à notre tranquillité, dit-elle en lui prenant la main, en l'attirant à elle, et en l'embrassant comme elle eût fait d'une amie, et si vous avez quelque souci de votre propre salut, calmez-vous et modérez ces marques de douleur ; car, si l'on venait à s'apercevoir du motif qui les cause, elles pourraient vous être funestes...

Et vous devez comprendre, s'il vous arrivait quelque désagrément, combien cela ajouterait à nos peines... Nous nous reverrons peut-être; contenez-vous donc, et conservez-moi une amie dont **la rencontre aujourd'hui m'est si rare et si précieuse** (1)!

Après le dîner, on se remit en route ; la chaleur était accablante. Le roi s'était plusieurs fois aperçu que madame Elisabeth, écrasée de fatigue, laissait tomber, malgré elle, sa tête sur sa poitrine; il exigea que la princesse prît jusqu'à Meaux, où l'on devait coucher, sa place

---

(1) Nous copions dans la relation de l'un des gardes du corps qui préparèrent la fuite de Varennes, et accompagnèrent le roi dans cette fuite, les propres paroles de Marie-Antoinette.

au fond de la voiture ; sur l'ordre exprès du roi, madame Elisabeth céda.

Pétion avait assisté à tout ce débat sans offrir sa place.

Barnave, pourpre de honte, cachait sa tête entre ses deux mains ; mais, à travers les ouvertures de ses doigts, il pouvait voir le sourire mélancolique de la reine.

Au bout d'une heure de marche, la fatigue de madame Élisabeth devint si grande, qu'elle s'endormit tout à fait, et la conscience de ce qu'elle faisait était si éteinte en elle-même, que sa belle tête d'ange, après avoir balloté un instant à droite et à gauche sur ses épaules, finit par se reposer sur l'épaule de Pétion.

C'est ce qui fait dire au député de Chartres, dans la relation inédite de son voyage, que madame Élisabeth, la sainte créature que vous savez, était devenue amoureuse de lui, et, en reposant un moment sa tête sur son épaule, *cédait à la nature.*

Vers quatre heures de l'après-midi, l'on arriva à Meaux, et l'on s'arrêta devant le palais épiscopal, qu'avait habité Bossuet, et dans lequel, quatre-vingt-sept ans auparavant, l'auteur du *Discours sur l'Histoire Universelle* était mort.

Le palais était habité par un évêque constitutionnel et assermenté. On s'en aperçut plus tard à la façon dont il reçut la famille royale.

Mais, pour le moment, la reine ne fut frappée que de l'aspect sombre du bâtiment dans lequel elle allait entrer; nulle part, palais princier ou religieux ne s'élevait plus digne, par sa mélancolie, d'abriter la suprême infortune qui venait lui demander asile pour une nuit. Ce n'est plus comme à Versailles, où la grandeur est magnifique; ici, la grandeur est simple : une large pente pavée de briques conduit aux appartements, et les appartements donnent sur un jardin dont les remparts même de la ville font le soutènement. Ce jardin est dominé par la tour de l'église, tour entièrement cou-

verte de lierre, et conduit, par une allée
bordée de houx, au cabinet d'où l'éloquent évêque de Meaux jetait, de temps
en temps, un de ces cris sinistres qui présagent la chute des monarchies.

La reine jeta un regard sur cette lugubre bâtisse, et, la trouvant selon l'état
de son esprit, elle jeta les yeux autour
d'elle, cherchant un bras où appuyer le
sien pour visiter le palais.

Barnave était là.

La reine sourit.

— Donnez-moi le bras, monsieur, dit-elle, et ayez la bonté de me servir de
guide dans ce vieux palais; je n'oserais
m'y aventurer seule; j'aurais peur d'y

entendre retentir cette grande voix qui, un jour, fit tressaillir la chrétienté à ce cri : « Madame se meurt!... Madame est morte!... »

Barnave s'approcha rapidement, et offrit son bras à la reine avec un empressement mêlé de respect.

Mais la reine jeta un dernier regard autour d'elle ; l'absence obstinée de Charny l'inquiétait.

Barnave, qui voyait tout, remarqua ce regard.

— La Reine désire quelque chose? demanda-t-il.

— Oui, je désirerais savoir où est le roi, répondit Marie-Antoinette.

— Il a fait l'honneur à M. Pétion de le recevoir, dit Barnave, et il cause avec lui.

La reine parut satisfaite.

Puis, comme si elle eût eu besoin de s'arracher à elle-même, et de sortir de sa propre pensée :

— Venez! dit-elle.

Et elle entraîna Barnave à travers les appartements du palais épiscopal.

On eût dit qu'elle fuyait, suivant l'ombre flottante dessinée par son esprit, et ne regardant ni devant ni derrière elle.

Dans la chambre à coucher du grand

prédicateur, elle s'arrêta enfin presque essoufflée.

Le hasard fit qu'elle se trouva en face d'un portrait de femme.

Elle leva machinalement les yeux, et, lisant sur le cadre ces mots : *Madame Henriette,* elle tressaillit.

Ce tressaillement, Barnave le sentit sans le comprendre.

— Votre Majesté souffre-t-elle ? demanda-t-il.

— Non, dit la reine ; mais ce portrait... madame Henriette !...

Barnave devina ce qui se passait dans le cœur de la pauvre femme.

— Oui, dit-il, madame Henriette... mais madame Henriette d'Angleterre; non pas la veuve du malheureux Charles Ier, mais la femme de l'insouciant Philippe d'Orléans; non pas celle qui pensa mourir de froid au Louvre, mais celle qui mourut empoisonnée à Saint-Cloud, et qui, en mourant, envoya sa bague à Bossuet...

Puis, après un instant d'hésitation :

— J'aimerais mieux que ce fût le portrait de l'autre ! dit-il.

— Et pourquoi cela ? demanda Marie-Antoinette.

— Mais parce qu'il y a des bouches qui seules osent donner certains conseils, et ces bouches sont surtout celles que la mort a fermées.

— Et ne pourriez-vous me dire, monsieur, ce que me conseillerait la bouche de la veuve du roi Charles? demanda la reine.

— Si Sa Majesté l'ordonne, j'essaierai, dit Barnave.

— Essayez, alors.

— « Oh! ma sœur! vous dirait cette bouche, ne vous apercevez-vous pas de la ressemblance qu'il y a entre nos deux destinées? Je venais de France, comme vous venez d'Autriche; j'étais pour les Anglais une étrangère, comme vous êtes une étrangère pour la France; j'aurais pu donner à mon mari égaré de bons conseils ; je gardai le silence, ou lui en donnai de mauvais ; au lieu de le rallier à son peuple, et de rallier son peuple à lui, je l'excitai à la guerre ; je lui donnai le conseil de marcher sur Londres avec les protestants Irlandais ; non-seulement j'entretenais une correspondance avec l'ennemi de l'Angleterre, mais encore je passai deux fois en France pour amener en Angleterre des soldats étrangers ; enfin... »

Barnave s'arrêta.

— Continuez, reprit la reine, le sourcil sombre et la lèvre plissée.

—Pourquoi continuerais-je, madame ?

répondit le jeune orateur, en secouant tristement la tête ; vous savez aussi bien que moi la fin de cette sanglante histoire...

— Oui... je vais donc continuer et vous dire à vous ce que le portrait de madame Henriette me dirait, à moi, afin que vous m'appreniez si je me trompe. — « Enfin, les Ecossais trahirent et livrèrent leur roi ; le roi fut arrêté au moment où il rêvait de passer en France... Un tailleur l'alla prendre ; un boucher le conduisit en prison ; un charretier purgea la chambre qui le devait juger ; un marchand de bière présida la cour de justice, et, pour que rien ne manquât à l'odieux de ce jugement, et à la révision de ce procès inique, porté devant le souverain juge qui revoit tous les procès, un bourreau masqué trancha la tête de Charles Stuart!... » Voilà ce que le portrait de madame Henriette me dirait, n'est-ce pas? Eh! mon Dieu, je sais tout cela aussi bien que personne; je le sais d'autant mieux que rien ne manque à la ressemblance : nous avons notre marchand de bière des faubourgs; seulement, au lieu de s'appeler Cromwell, il s'appelle Santerre; nous avons notre boucher; seulement, au lieu de s'appeler Harisson, il s'appelle... comment? Legendre, je crois; nous avons notre charretier; seulement, au lieu de s'appeler Pridge, il s'appelle... Oh! pour cela, je n'en sais rien! l'homme est si peu de chose, que je ne connais pas même son nom, ni vous non plus, j'en suis sûre ; mais demandez-le lui, il vous le dira... c'est l'homme qui conduit notre escorte, un paysan, un vilain, un manant, que sais-je?... Eh bien, voilà ce que madame Henriette me dirait.

— Et que lui répondriez-vous ?

— Je lui répondrais : « Pauvre chère princesse, ce ne sont pas des conseils que vous me donnez là ; c'est un cours d'histoire que vous me faites... Le cours d'histoire est fait : maintenant j'attends les conseils. »

— Oh! ces conseils, madame, dit Barnave, si vous ne vous refusez pas à les suivre, ce seraient non-seulement les morts, mais encore les vivants qui vous les donneraient...

— Morts ou vivants, que ceux qui doivent parler parlent ! Qui dit, si les conseils sont bons, qu'on ne les suivra point ?

— Eh, mon Dieu ! madame, morts et vivants n'ont qu'un seul conseil à vous donner.

— Lequel ?

— Vous faire aimer du peuple.

— Avec cela que c'est facile, de se faire aimer de votre peuple !

— Eh! madame, ce peuple est bien plus le vôtre que le mien, et la preuve, c'est qu'à votre arrivée en France, ce peuple vous adorait.

— Oh! monsieur, que vous parlez là d'une chose fragile, la popularité!

— Madame, madame, dit Barnave, si, moi inconnu, sorti de mon obscure sphère, j'ai conquis cette popularité, combien vous était-il plus aisé de la garder, ou vous serait-il plus facile de la reconquérir!... Mais non, continua Barnave en s'animant, non, votre cause, la cause de la monarchie, la plus sainte, la plus belle des causes, à qui l'avez-vous confiée? Quelles voix et quels bras l'ont défendue? On ne vit jamais pareille ignorance des temps! pareil oubli du génie de la France!... Oh! tenez, moi... moi qui ai sollicité la mission d'aller au-devant de vous dans ce seul but; moi qui vous vois, moi qui vous parle enfin, combien de fois, mon Dieu! n'ai-je pas été au moment d'aller m'offrir à vous... de me dévouer... de...

— Silence! dit la reine, on vient... Nous recauserons de tout cela, monsieur Barnave; je suis prête à vous revoir, à vous entendre, à suivre vos conseils.

— Oh! madame! madame! s'écria Barnave transporté.

— Silence! répéta la reine.

— Votre Majesté est servie, dit en paraissant sur le seuil de la porte le domestique dont on avait entendu les pas.

On rentra dans la salle à manger; le roi y arrivait par une autre porte; il venait de causer avec Pétion pendant tout le temps que la reine avait causé avec Barnave, et il paraissait fort animé.

Les deux gardes attendaient debout, réclamant, comme toujours, le privilége de servir Leurs Majestés.

Charny, le plus éloigné de tous, se tenait debout dans l'embrâsure d'une fenêtre.

Le roi regarda autour de lui, et, profitant d'un moment où il était seul avec sa famille, les deux gardes et le comte :

— Messieurs, dit-il à ces derniers, après le souper il faut que je vous parle ; vous me suivrez donc, s'il vous plaît, dans mon appartement.

Les trois officiers s'inclinèrent.

Le service commença ainsi que d'habitude.

Mais, quoique dressée, cette fois, chez un des premiers évêques du royaume, la table était aussi mal servie, le soir à Meaux, qu'elle avait été bien servie, le matin, à Château-Thierry.

Le roi, comme toujours, avait grand appétit, et mangea beaucoup, malgré la mauvaise chère. La reine ne prit que deux œufs frais.

Depuis la veille, le Dauphin, qui était un peu malade, demandait des fraises ; mais le pauvre enfant n'en était déjà plus au temps où ses moindres caprices étaient prévenus ; depuis la veille, tous ceux à qui il s'était adressé lui avaient répondu ou : « Il n'y en a pas, » ou : « L'on n'en peut pas trouver. »

Et, cependant, sur la route, il avait vu de gros enfants de paysans mangeant à même des bouquets de fraises qu'ils avaient été cueillir dans les bois.

Il avait alors, pauvre petit, fort envié ces gros enfants aux cheveux blonds, aux joues roses, qui n'avaient pas besoin de demander des fraises, et qui, lorsqu'ils en avaient envie, allaient les cueillir eux-mêmes, sachant les clairières où poussent les fraises, comme les petits oiseaux savent les champs où fleurissent la navette et le chenevis.

Ce désir qu'elle n'avait pas pu satisfaire avait fort attristé la reine ; de sorte que, lorsque l'enfant, refusant tout ce qu'on lui offrait, demanda de nouveau des fraises, les larmes vinrent aux yeux de la mère impuissante.

Elle chercha autour d'elle à qui elle pourrait s'adresser, et aperçut Charny, muet, debout, immobile.

Elle lui fit signe une fois, deux fois ; mais, absorbé dans sa pensée, Charny ne vit point les signes de la reine.

Enfin, d'une voix rauque d'émotion :

— Monsieur le comte de Charny, dit-elle.

Charny tressaillit comme si on l'eût tiré d'un rêve, et fit un mouvement pour s'élancer vers la reine.

Mais, en ce moment, la porte s'ouvrit, et Barnave parut, un plat de fraises à la main :

— La reine m'excusera, dit-il, si j'entre ainsi, et le roi sera assez bon, je l'espère, pour me pardonner ; mais plusieurs fois, dans la journée, j'ai entendu M. le Dauphin demander des fraises ; j'ai trouvé ce plat sur la table de l'évêque ; je l'ai pris et je l'apporte.

Pendant ce temps, Charny avait fait le tour, et s'était approché de la reine; mais celle-ci ne lui donna pas même le temps de venir jusqu'à elle.

— Merci, monsieur le comte, dit-elle, M. Barnave a deviné ce que je désirais, et je n'ai plus besoin de rien.

Charny s'inclina et, sans répondre un seul mot, retourna à sa place.

— Merci, mon ami Barnave, dit le jeune Dauphin.

— Monsieur Barnave, dit le roi, notre dîner n'est pas bon; mais, si vous voulez en prendre votre part, vous nous ferez plaisir, à la reine et à moi.

— Sire, dit Barnave, une invitation du roi est un ordre.., Où plaît-il à Votre Majesté que je m'assoie ?

— Entre la reine et le Dauphin, dit le roi.

Barnave s'assit, fou tout à la fois d'amour et d'orgueil.

Charny regarda toute cette scène sans que le moindre frisson de jalousie courût de son cœur à ses veines ; seulement, regardant ce pauvre papillon qui, lui aussi, venait se brûler à la lumière royale :

— Encore un qui se perd ! dit-il ; celui-là valait mieux que les autres...

Puis, revenant à son incessante pensée :

— Cette lettre ! cette lettre ! murmura-t-il, que peut-il y avoir dans cette lettre ?...

IV

Le Calvaire.

Après le souper, les trois officiers, comme ils en avaient reçu l'ordre, montèrent dans la chambre du roi.

Madame Royale, M. le Dauphin et madame de Tourzel étaient dans leur chambre. Le roi, la reine et madame Elisabeth attendaient.

Lorsque les jeunes gens furent entrés :

— Monsieur de Charny, dit le roi, faites-moi le plaisir de fermer la porte, que personne ne vienne nous déranger : j'ai quelque chose de la plus haute importance à vous communiquer. Messieurs, dit le roi, hier, à Dormans, M. Pétion m'a proposé de vous faire évader sous un déguisement ; mais, la reine et moi, nous nous y sommes opposés, de peur que cette proposition ne fût un piège, et que l'on ne tentât de vous éloigner de nous que pour vous assassiner ou vous livrer, au fond de quelque province, à une commission militaire qui vous condamnerait à être fusillés sans vous laisser aucun recours. Nous avons donc, la reine et moi, pris sur nous de repousser cette proposition. Mais, aujourd'hui, M. Pétion est revenu à la charge engageant son honneur de député ; et je crois devoir vous faire part de ce qu'il craint et de ce qu'il propose...

— Sire, interrompit Charny, avant que Votre Majesté aille plus loin, — et, ici, non-seulement je parle en mon nom, mais encore je crois être l'interprète des sentiments de ces messieurs ; — avant d'aller plus loin, le roi veut-il nous promettre une grâce ?

— Messieurs, dit Louis XVI, votre dévouement pour la reine et pour moi a exposé votre vie depuis trois jours... Depuis trois jours, à chaque instant, vous êtes menacés de la mort la plus cruelle ; à chaque instant, vous partagez les hontes dont on nous abreuve, les insultes dont on nous couvre... Messieurs, vous avez droit, non pas de solliciter une grâce, mais d'exposer votre désir, et, ce désir, pour qu'il ne soit pas immédiatement accompli, il faudrait qu'il fût hors du pouvoir de la reine et du mien.

— Eh bien, Sire, dit Charny, nous demandons humblement, mais instamment, à Votre Majesté, quelles que soient les propositions faites par messieurs les députés à notre endroit, de nous laisser la faculté d'accepter ces propositions ou de les refuser,

— Messieurs, dit le roi, je vous engage ma parole de n'exercer aucune pression sur votre volonté ; ce que vous désirez sera fait.

— Alors, Sire, dit Charny, nous écoutons avec reconnaissance.

La reine, étonnée, regardait Charny ; elle ne comprenait pas cette indifférence croissante qu'elle remarquait en lui, avec cette volonté obstinée de ne pas s'écarter un instant de ce qu'il considérait sans doute comme son devoir.

Aussi ne répondit-elle pas, et laissa-t-elle le roi continuer la conversation.

— Maintenant, ce libre arbitre réservé par vous, dit le roi, voici les propres paroles de M. Pétion : « Sire, il n'y a, au moment de votre rentrée à Paris, aucune sûreté pour les trois officiers qui vous accompagnent ; ni moi, ni M. Barnave, ni M. de Latour-Maubourg ne pouvons répondre de les sauver, même au péril de notre vie, et leur sang est d'avance dévolu au peuple ! »

Charny regarda ses deux compagnons : un sourire de mépris passa sur leurs lèvres.

— Eh bien, Sire, demanda Charny, après ?

— Après, dit le roi, voici ce que

M. Pétion propose... Il propose de vous procurer trois habits de gardes nationaux ; de vous faire ouvrir, cette nuit, les portes de l'évêché, et de laisser à chacun de vous toute liberté de fuir.

Charny consulta de nouveau ses deux compagnons, mais le même sourire lui répondit.

—Sire, dit-il en s'adressant de nouveau au roi, nos jours ont été consacrés à Vos Majestés ; elles ont daigné en accepter l'hommage ; il nous sera plus facile de mourir pour elles que de nous en séparer... Accordez-nous donc cette faveur de nous traiter, demain, comme vous nous avez traités hier ; rien de plus, rien de moins. De toute votre cour, de toute votre armée, de tous vos gardes, il vous reste trois cœurs fidèles ; ne leur ôtez pas la seule gloire qu'ils ambitionnent, celle d'être fidèles jusqu'au bout.

— C'est bien, messieurs, dit la reine, nous acceptons... seulement, vous le comprenez, à partir de ce moment, tout nous doit être commun : vous n'êtes plus pour nous des serviteurs, vous êtes des amis, des frères... Je ne vous dirai pas de me donner vos noms, je les connais ; mais... — Elle tira des tablettes de sa poche. — Mais donnez-moi ceux de vos pères, de vos mères, de vos frères et de vos sœurs... Il se peut que nous ayons le malheur de vous perdre sans que nous succombions, nous ; alors, ce serait à moi à apprendre à ces êtres chéris leur malheur, en même temps que je me mettrais à leur disposition pour les soulager autant qu'il serait en notre pouvoir... Allons, monsieur de Malden; allons, monsieur de Valory, dites hardiment, en cas de mort, — et nous sommes tous si près de la réalité, que nous ne devons pas reculer devant le mot, — quels sont les parents, quels sont les amis que vous nous recommandez?

M. de Malden recommanda sa mère, vieille dame infirme, demeurant dans une petite terre aux environs de Blois. M. de Valory recommanda sa sœur, jeune orpheline, qu'il faisait élever dans un couvent à Soissons.

Certes, c'étaient là des cœurs forts et pleins de courage que ceux de ces deux hommes, et, cependant, tandis que la reine écrivait les noms et les adresses de madame de Malden et de mademoiselle de Valory, tous deux faisaient d'inutiles efforts pour retenir leurs larmes.

La reine elle-même fut forcée de s'interrompre d'écrire, pour tirer un mouchoir de sa poche, et s'essuyer les yeux.

Puis, quand elle eut achevé de prendre les adresses, se tournant vers Charny.

— Hélas! monsieur le comte, dit-elle, je sais que vous n'avez personne à me recommander, vous... Votre père et votre mère sont morts, et vos deux frères...

La voix manqua à la reine.

— Mes deux frères ont eu le bonheur de se faire tuer pour Votre Majesté... oui, madame, ajouta Charny; mais le dernier mort a laissé une pauvre enfant qu'il me recommande par une espèce de testament que j'ai retrouvé sur lui. Cette jeune fille, il l'a enlevée à sa famille, dont elle n'a plus aucun pardon à attendre. Tant que je vivrai, ni elle ni son enfant ne manqueront de rien; mais, Votre Majesté l'a dit tout à l'heure avec son admirable courage, nous sommes tous en face de la mort, et, si la mort me frappait, la pauvre fille et son enfant resteraient sans ressources.... Madame, daignez prendre sur vos tablettes le nom d'une malheureuse paysanne; et, si j'avais, comme mes deux frères, le bonheur de mourir pour mon auguste maître et ma noble maîtresse, abaissez votre générosité jusqu'à Catherine Billot et son enfant; on les trouvera tous deux dans le petit village de Ville-d'Avray.

Sans doute, cette image de Charny expirant à son tour comme avaient expiré ses deux frères, était un spectacle trop terrible pour l'imagination de Marie-Antoinette, car, se renversant en arrière avec un faible cri, elle laissa échapper ses tablettes, et alla, toute chancelante, tomber sur un fauteuil.

Les deux gardes se précipitèrent vers elle, tandis que Charny, ramassant les tablettes royales, y inscrivait le nom et l'adresse de Catherine Billot, et les reposait sur la cheminée.

La reine fit un effort, et revint à elle.

Alors, les jeunes gens, comprenant le besoin qu'elle avait, après une pareille émotion, de se trouver seule, firent un pas en arrière pour prendre congé.

Mais, elle, étendant la main vers eux :

— Messieurs, dit-elle, vous ne me quitterez point, je l'espère, sans me baiser la main.

Les deux gardes s'avancèrent dans le

même ordre qu'ils avaient donné leurs noms et leurs adresses : M. de Malden d'abord, puis M. de Valory.

Charny s'approcha le dernier ; la main de la reine était tremblante en attendant ce baiser, pour lequel certainement elle avait offert les deux autres.

Mais à peine les lèvres du comte touchèrent-elles cette belle main, tant il lui semblait, — avec cette lettre d'Andrée sur le cœur, — que ce fût commettre un sacrilège, de toucher de ses lèvres la main de la reine.

Marie-Antoinette poussa un soupir qui ressemblait à un gémissement; jamais elle n'avait mieux mesuré que par ce baiser l'abîme que chaque jour, chaque heure, nous dirons presque chaque minute, creusait entre elle et son amant.

Le lendemain, au moment du départ, MM. de Latour-Maubourg et Barnave, ignorant sans doute ce qui s'était passé la veille entre le roi et les trois officiers, renouvelèrent leurs instances pour faire habiller ceux-ci en gardes nationaux ; mais ils refusèrent, disant que leur place était sur le siége de la voiture du roi, et qu'ils n'avaient pas d'autre costume à prendre que celui que le roi leur avait ordonné de porter.

Alors, Barnave voulut qu'une planche dépassant à droite et à gauche le siége de la voiture fût attachée à ce siége, afin que deux grenadiers pussent se tenir sur cette planche, et garantir, autant qu'il serait en eux, les obstinés serviteurs du roi.

A dix heures du matin, l'on quitta Meaux. — On allait rentrer à Paris, d'où l'on était absent depuis cinq jours.

Cinq jours! quel abîme insondable avait été creusé pendant ces cinq jours!

A peine fût-on à une lieue au-delà de Meaux, que le cortège prit un aspect plus terrible qu'il n'avait jamais eu.

Toute la population des environs de Paris affluait. Barnave avait voulu forcer les postillons d'aller au trot; mais la garde nationale de Claye barra la route en présentant la pointe de ses baïonnettes.

Il eût été imprudent d'essayer de briser cette digue; la reine elle-même comprit le danger, et supplia les députés de ne rien faire pour augmenter cette colère du peuple, formidable orage que l'on entendait gronder, que l'on sentait venir.

Bientôt la foule fut telle, que ce fut à peine si les chevaux purent marcher au pas.

Jamais il n'avait fait si chaud; ce n'était plus de l'air que l'on respirait, c'était du feu.

L'insolente curiosité de ce peuple

poursuivait le roi et la reine jusque dans les deux angles de la voiture, où ils s'étaient réfugiés.

Des hommes montaient sur les marchepieds, et fourraient leur tête dans la berline; d'autres se hissaient sur la voiture, d'autres derrière, d'autres se cramponnaient aux chevaux.

Ce fut un miracle comment Charny et ses deux compagnons ne furent pas tués vingt fois.

Les deux grenadiers ne pouvaient suffire à parer tous les coups. Ils priaient, ils suppliaient, ils commandaient même au nom de l'Assemblée nationale; mais leur voix se perdait au milieu du tumulte, des clameurs, des vociférations.

Une avant-garde de plus de deux mille hommes précédait la voiture ; une arrière-garde de plus de quatre mille la suivait.

Sur les flancs roulait une foule qui allait augmentant sans cesse.

Au fur et à mesure que l'on approchait de Paris, il semblait qu'absorbé par la cité géante, l'air manquât.

La voiture se mouvait sous un soleil de trente-cinq degrés, à travers un nuage de poussière dont chaque atôme était comme une parcelle de verre pilé.

Deux ou trois fois la reine se renversa en arrière en criant qu'elle étouffait.

Au Bourget, le roi pâlit tellement, que

l'on crut qu'il allait se trouver mal ; il demanda un verre de vin : le cœur lui défaillait.

Peu s'en fallut qu'on ne lui présentât, comme au Christ, une éponge trempée dans du fiel et du vinaigre; la proposition en fut faite et, par bonheur, repoussée.

On atteignit la Villette.

La foule fut plus d'une heure à s'amincir suffisamment pour s'engouffrer entre ces deux rangs de maisons dont les pierres blanches renvoyaient les rayons du soleil, et doublaient la chaleur.

Il y avait des hommes, des enfants, des femmes partout; jamais le regard n'a mesuré une pareille foule : les pavés étaient couverts à ce que ceux qui les couvraient ne pussent remuer.

Les portes, les fenêtres, les toits des maisons étaient chargés de spectateurs.

Les arbres pliaient sous le poids de ces fruits vivants.

Tout ce monde avait le chapeau sur la tête.

C'est que, dès la veille, cette affiche avait été placardée sur tous les murs de Paris :

Celui qui saluera le roi
aura des coups de bâton!
Celui qui l'insultera
sera pendu!

Tout cela était si effrayant, que les commissaires n'osèrent s'engager dans la rue Saint-Martin, rue pleine d'encombrements et, par conséquent, de menaces ; rue funeste, rue sanglante, rue célèbre dans les fastes de l'assassinat, depuis la terrible histoire de Berthier.

On résolut donc de rentrer par les Champs-Élysées, et le cortège, tournant Paris, prit les boulevards extérieurs.

C'était trois heures de supplice de plus, et ce supplice était si insupportable, que la reine demandait que l'on rentrât par le chemin le plus court, ce chemin fût-il le plus dangereux.

Deux fois elle avait essayé de baisser

les stores ; deux fois, aux grondements de la foule, il avait fallu les relever.

A la barrière, au reste, une forte troupe de grenadiers avait enveloppé la voiture ; plusieurs d'entre eux marchèrent près des portières, et, de leurs bonnets à poil, cachèrent presque les ouvertures de la berline.

Enfin, vers six heures, l'avant-garde apparut au-dessus des murs du jardin de Monceaux ; elle menait avec elle trois pièces d'artillerie qui retentissaient sur le pavé inégal en lourds soubresauts.

Cette avant-garde se composait de cavaliers et de fantassins mêlés à des flots de peuple au milieu desquels il leur était presque impossible de tenir leurs rangs.

Ceux qui les aperçurent refluèrent vers le haut des Champs-Elysées. — C'était pour la troisième fois que Louis XVI allait rentrer par cette fatale barrière.

Il y était rentré, la première fois, après la prise de la Bastille ;

La seconde fois, après les 5 et 6 octobre ;

La troisième fois, — celle-ci, — après la fuite à Varennes.

Tout Paris, en apprenant que le cortège rentrait par la route de Neuilly, s'était porté dans les Champs-Elysées.

Aussi, en arrivant à la barrière, le roi

et la reine virent se dérouler à perte de vue une vaste mer d'hommes silencieux, sombres, menaçants, ayant leurs chapeaux sur la tête.

Mais ce qui était peut-être, sinon plus effrayant, du moins plus lugubre que tout cela, c'était une double haie de gardes nationaux tenant leurs fusils renversés en signe de deuil, et s'étendant de la barrière aux Tuileries.

C'était un jour de deuil, en effet, deuil immense, deuil d'une monarchie de sept siècles.

Cette voiture qui roulait lentement au milieu de tout ce peuple, c'était le char funéraire qui conduisait la royauté au cercueil.

En apercevant cette longue file de gardes nationaux, les soldats qui accompagnaient la voiture agitèrent leurs armes aux cris de « Vive la nation ! »

Le cri de « Vive la nation ! » retentit aussitôt sur toute la ligne, de la barrière aux Tuileries.

Puis le flot immense perdu sous les arbres, s'étendant, d'un côté, jusque dans les rues du faubourg du Roule, de l'autre jusqu'à la rivière, ondula en criant : « Vive la nation ! »

C'était le cri de fraternité poussé par toute la France.

Seulement, une famille, — celle qui

avait voulu fuir la France, — était exclue de cette fraternité.

On mit une heure pour aller de la barrière à la place Louis XV. Les chevaux pliaient sous le poids : chacun d'eux portait un grenadier.

Derrière la berline où étaient le roi, la reine, la famille royale, Barnave et Pétion, venait le cabriolet renfermant les deux femmes de la reine et M. de Latour-Maubourg ; enfin, derrière le cabriolet, une carriole découverte, mais ombragée par des branchages, et qui était occupée par Drouet, Guillaume et Mangin, c'est-à-dire par celui qui avait arrêté le roi, et par ceux qui avaient prêté main-forte pour l'arrêter. — La fatigue les avait forcés de recourir à ce genre de locomotion. Billot seul, infatigable, comme si l'ardeur de la vengeance l'eût fait de bronze, Billot était resté à cheval, et semblait mener tout le cortège.

En débouchant sur la place Louis XV, le roi s'aperçut qu'on avait bandé les yeux à la statue de son aïeul.

— Qu'ont-ils voulu exprimer par là? demanda le roi à Barnave.

— Je l'ignore, Sire, répondit celui auquel s'adressait la question.

— Je le sais, moi, dit Pétion; ils ont voulu exprimer l'aveuglement de la monarchie.

Pendant la route, malgré l'escorte, malgré les commissaires, malgré les placards qui défendaient d'insulter le roi sous peine d'être pendu, le peuple rompit deux ou trois fois la haie de grenadiers, faible et impuissante digue contre cet élément à qui Dieu a oublié de dire comme à la mer : « Tu n'iras pas plus loin ! » Quand ce heurt arrivait, quand ce brisement avait lieu, la reine voyait tout à coup apparaître aux portières de ces hommes aux figures hideuses, aux paroles implacables, qui ne montent qu'à certains jours à la surface de la société, comme certains monstres, aux jours d'orage seulement, montent à la surface de l'Océan.

Une fois, elle fut tellement épouvantée

de l'apparition, qu'elle baissa l'un des stores de la voiture.

— Pourquoi baisser les glaces? crièrent dix voix furieuses.

— Voyez, messieurs, dit la reine, voyez mes pauvres enfants, dans quel état ils sont!

Et, essuyant la sueur qui ruisselait sur leurs fronts :

— Nous étouffons! ajouta-t-elle.

— Bah! répondit une voix, ce n'est rien... Nous t'étoufferons bien autrement, sois tranquille!

Et un coup de poing fit voler la glace en éclats.

Cependant, au milieu de ce spectacle terrible, quelques épisodes eussent consolé le roi et la reine, si l'expression du bien fût venue jusqu'à eux aussi facilement qu'y parvenait l'expression du mal.

Malgré ce placard qui défendait de saluer le roi, M. Guilhermy, membre de l'Assemblée, se découvrit quand le roi passa ; et, comme on voulait le forcer de remettre son chapeau sur sa tête :

— Qu'on ose me le rapporter! dit-il en le jetant loin de lui.

A l'entrée du Pont-Tournant, on trouva vingt députés que l'Assemblée venait de déléguer pour protéger le roi et la famille royale.

Puis la Fayette et son état-major.

La Fayette s'approcha de la voiture.

— Oh! monsieur de la Fayette, s'écria la reine aussitôt qu'elle l'aperçut, sauvez les gardes du corps!

Ce cri n'était pas inutile, car on approchait du danger, et le danger était grand.

Pendant ce temps, une scène qui ne manquait pas d'une certaine poésie se passait aux portes du château.

Cinq ou six femmes de la reine qui, après la fuite de leur maîtresse, avaient quitté les Tuileries, croyant que la reine elle-même les avait quittées pour toujours, voulaient y rentrer pour la recevoir.

— Au large! criaient les sentinelles en leur présentant la pointe de leurs baïonnettes.

— Esclaves de l'Autrichienne! hurlaient les poissardes en leur montrant le poing.

Alors, à travers les baïonnettes des soldats, et bravant les menaces des femmes de la halle, la sœur de madame Campan fit quelques pas en avant.

— Écoutez, dit-elle, je suis attachée à la reine depuis l'âge de quinze ans; elle m'a dotée et mariée; je l'ai servie puissante; elle est malheureuse aujourd'hui, dois-je l'abandonner?

— Elle a raison! cria le peuple; soldats, laissez passer!

Et, à cet ordre donné par le maître auquel on ne résiste pas, les rangs s'ouvrirent, et les femmes passèrent.

Un instant après, la reine put les voir agitant leurs mouchoirs aux fenêtres du premier.

Et, cependant, la voiture roulait toujours, poussant devant elle un flot de peuple et un nuage de poussière, comme un vaisseau en dérive pousse devant lui les flots de l'Océan et un nuage d'écume;

et la comparaison est d'autant plus exacte, que jamais naufragés ne furent menacés par une mer plus hurlante et plus agitée que celle qui se préparait à engloutir la malheureuse famille, au moment où elle tenterait de gagner ces Tuileries qui étaient pour elle le rivage.

Enfin, la voiture s'arrêta ; on était arrivé aux marches de la grande terrasse.

— Ah! messieurs, dit encore une fois la reine, mais en s'adressant cette fois à Pétion et à Barnave, — les gardes du corps! les gardes du corps!

— Vous n'avez personne à me recommander plus particulièrement parmi ces messieurs, madame? demanda Barnave.

La reine le regarda fixement avec ses yeux clairs.

— Personne, dit-elle.

Et elle exigea que le roi et ses enfants sortissent les premiers.

Les dix minutes qui s'écoulèrent alors furent, — nous n'en exceptons pas celles qui la conduisirent à l'échafaud, — furent certes les plus cruelles de sa vie.

Elle était convaincue, non pas qu'elle allait être assassinée, — mourir n'était rien, — mais qu'elle allait être ou livrée au peuple comme un jouet, ou enfermée dans quelque prison d'où elle ne sortirait que par la porte d'un procès infâme.

Aussi, lorsqu'elle mit le pied sur les marches de la voiture, protégée par la voûte de fer que, sur l'ordre de Barnave, formaient au-dessus de sa tête les fusils et les baïonnettes des gardes nationaux, un éblouissement la prit, ce qui lui fit croire qu'elle allait tomber à la renverse.

Mais, comme ses yeux étaient près de se fermer, dans ce dernier regard d'angoisse où l'on voit tout, il lui sembla voir en face d'elle cet homme, cet homme terrible qui, au château de Taverney, avait, d'une façon si mystérieuse, soulevé pour elle le voile de l'avenir; cet homme qu'elle avait revu une seule fois en revenant de Versailles, le 6 octobre;

cet homme, enfin, qui ne paraissait que pour prédire les grandes catastrophes, ou à l'heure où ces grandes catastrophes s'accomplissaient.

Oh! ce fut alors que ses yeux qui hésitaient encore, après qu'elle se fut bien assurée qu'ils ne la trompaient pas, se fermèrent; elle poussa un cri, se laissant aller, forte contre les réalités, mais inerte et impuissante devant cette sinistre vision.

Il lui sembla que la terre manquait sous ses pieds; que cette foule, ces arbres, ce ciel ardent, ce château immobile, que tout cela tourbillonnait autour d'elle. Des bras vigoureux la saisirent, et elle se sentit emportée au milieu des cris, des hurlements, des clameurs.

A ce moment, elle crut entendre la voix des gardes qui criaient, appelant à eux la colère du peuple, qu'ils espéraient ainsi détourner de sa véritable pente. Elle rouvrit un instant les yeux, et vit ces malheureux enlevés du siége de la voiture, — Charny pâle et beau comme toujours, luttant seul contre dix hommes, l'éclair du martyr dans les yeux, le sourire du dédain sur les lèvres. — De Charny, ses regards se portèrent sur l'homme qui l'enlevait au milieu de cet immense tourbillon : elle reconnut avec terreur le mystérieux personnage de Taverney et de Sèvres!

— Vous! vous! s'écria-t-elle en essayant de le repousser de ses mains raidies.

— Oui, moi! murmura-t-il à son oreille. J'ai encore besoin de toi pour pousser la monarchie à son dernier abîme... et je te sauve!

Pour cette fois, c'était plus qu'elle n'en pouvait supporter : elle jeta un cri, et s'évanouit réellement.

Pendant ce temps, la foule essayait de mettre en pièces MM. de Charny, de Malden et de Valory, et portait en triomphe Drouet et Billot.

V

Le Calice.

Lorsque la reine revint à elle, elle se retrouva dans sa chambre à coucher des Tuileries.

Madame de Misery et madame Campan, ses deux femmes de prédilection, étaient à ses côtés.

Son premier cri fut pour demander le Dauphin.

Le Dauphin était dans sa chambre, couché dans son lit, gardé par madame de Tourzel, sa gouvernante, et madame Brunier, la femme de chambre.

Cette assurance ne suffit point à la reine : elle se leva aussitôt, et, tout en désordre, comme elle était, elle courut à l'appartement de son fils.

L'enfant avait eu grand'peur ; il avait beaucoup pleuré ; mais ses angoisses s'étaient calmées, et il dormait.

Seulement, de légers frissonnements agitaient son sommeil.

La reine demeura longtemps les yeux fixés sur lui, appuyée à la colonne de son lit, le regardant à travers ses larmes.

Les mots terribles que cet homme lui avait dits tout bas grondaient incessamment à son oreille : « J'ai besoin de toi pour pousser la monarchie à son dernier abîme ; voilà pourquoi je te sauve ! »

C'était donc vrai ? c'était donc elle qui poussait la monarchie vers l'abîme ?

Il fallait bien que cela fût ainsi, puisque ses ennemis veillaient sur ses jours, s'en remettant à elle de faire l'œuvre de destruction, qu'elle accomplissait mieux qu'eux-mêmes.

Cet abîme où elle poussait la monarchie se refermerait-il après avoir dévoré le roi, elle et le trône? Ne faudrait-il pas aussi jeter au gouffre ses deux enfants?

Dans les religions antiques, n'était-ce pas l'innocence seulement qui désarmait les dieux?

Il est vrai que le Seigneur n'avait point accepté le sacrifice d'Abraham ; mais il avait laissé s'accomplir celui de Jephté.

C'étaient là de sombres pensées pour une reine, plus sombres encore pour une mère.

Enfin, elle secoua la tête, et revint chez elle à pas lents.

Là, elle songea au désordre dans lequel elle se trouvait. Ses vêtements étaient froissés et déchirés en plusieurs endroits, ses souliers avaient été percés par les cailloux pointus, par les pavés raboteux sur lesquels elle avait marché ; enfin, elle était toute couverte de poussière.

Elle demanda d'autres souliers et un bain.

Barnave était venu deux fois prendre de ses nouvelles.

En lui annonçant cette visite, madame Campan regardait avec étonnement la reine.

— Vous le remercierez affectueusement, madame, dit Marie-Antoinette.

Madame Campan la regarda plus étonnée encore.

— Nous avons de grandes obligations à ce jeune homme, madame, reprit la reine, consentant, quoique ce ne fût pas son habitude, à donner l'explication de sa pensée.

— Mais il me semblait, madame, hasarda la femme de chambre, que M. Barnave était un démocrate, un homme du peuple, à qui tous les moyens avaient été bons pour parvenir où il est...

— Tous les moyens qu'offre le talent, oui, madame, c'est vrai, dit la reine;

mais retenez bien ce que je vais vous dire : j'excuse Barnave ; un sentiment d'orgueil que je ne saurais blâmer l'a fait applaudir à tout ce qui aplanissait la route des honneurs et de la gloire pour la classe dans laquelle il est né... Point de pardon pour les nobles qui se sont jetés dans la révolution ! Mais si la puissance nous revient, le pardon de Barnave lui est d'avance accordé... Allez, et tâchez de m'avoir des nouvelles de MM. de Malden et de Valory.

Le cœur de la reine ajoutait à ces deux noms celui du comte de Charny, mais ses lèvres se refusèrent à le prononcer.

On vint lui dire que son bain était prêt.

Pendant l'intervalle qui venait de s'écouler depuis la visite de la reine au Dauphin, on avait mis des sentinelles partout, même à la porte de son cabinet de toilette, même à celle de la salle de bain.

La reine obtint à grand' peine, que cette porte restât fermée tandis qu'elle prendrait son bain.

C'est ce qui fit dire à Prudhomme, dans son journal des *Révolutions de Paris :*

« Quelques bons patriotes en qui le sentiment de la royauté n'a pas éteint celui de la compassion ont paru inquiets de l'état moral et physique de Louis XVI et de sa famille, après un voyage aussi malencontreux que celui de Sainte-Menehould.

« Qu'ils se rassurent ! notre *ci-devant*, samedi soir, en rentrant dans ses appartements, ne se trouva pas plus mal à son aise qu'au retour d'une chasse fatigante et à peu près nulle ; il dévora son poulet comme à l'ordinaire ; le lendemain, à la fin de son dîner, il joua avec son fils.

« Quant à *la mère*, elle *prit un bain en arrivant ; ses premiers ordres furent de demander des chaussures*, en montrant avec soin que *celles de son voyage étaient percées*; elle se conduisit fort lestement avec les officiers préposés à sa garde particulière, *trouva ridicule et indécent de se voir con-*

trainte à laisser ouverte la porte de la salle de bain, et celle de sa chambre à coucher. »

Voyez vous ce *monstre*, qui a l'infamie de manger un poulet en arrivant, et de jouer, le lendemain, avec son fils !

Voyez-vous *cette sybarite* qui prend un bain après trois jours de voiture et deux nuits d'auberge !

Voyez-vous *cette prodigue* qui demande des chaussures parce que celles de son voyage sont *percées !*

Voyez-vous, enfin, *cette Messaline*, qui, trouvant indécent de se voir contrainte à *laisser ouvertes la porte de la salle de bain et celle de sa chambre à coucher*, demande aux factionnaires la permission de fermer ces portes !

Ah ! monsieur le journaliste ! que vous m'avez bien l'air de ne manger du poulet qu'aux quatre grandes fêtes de l'année, de n'avoir pas d'enfant, de ne point prendre de bains, et d'aller dans votre loge de l'Assemblée nationale avec des souliers percés !

Au risque du scandale que la chose devait faire, la reine eut son bain, et obtint que la porte demeurerait fermée.

Aussi la sentinelle ne manqua-t-elle point d'appeler madame Campan *aristocrate*, au moment où celle-ci, revenant des informations, rentrait dans la salle de bain.

Les nouvelles n'étaient pas aussi désastreuses qu'on eût pu le croire.

Dès l'arrivée à la barrière, Charny et ses deux compagnons avaient combiné un plan : ce plan avait pour but d'enlever, en les amassant sur eux, une part des dangers que couraient le roi et la reine. En conséquence, il fut convenu qu'aussitôt la voiture arrêtée, l'un se jetterait à droite, l'autre à gauche, et celui qui tenait le milieu en avant ; de cette façon, on diviserait la troupe d'assassins, et, en les forçant à suivre trois pistes opposées, à faire trois curées différentes, peut-être resterait-il un chemin par lequel le roi et la reine gagneraient librement le château.

Nous avons dit que la voiture s'arrêta
au-dessus du premier bassin, près de la
grande terrasse du château. La hâte des
meurtriers était si grande, qu'en se pré-
cipitant à l'avant de la voiture, deux se
blessèrent grièvement; un instant, cependant, les deux grenadiers placés sur
le siége parvinrent à garantir les trois
officiers ; mais bientôt, ayant été tirés à
terre, ils laissèrent ces derniers sans dé-
fense.

Ce fut le moment que les jeunes gens
choisirent : tous trois s'élancèrent, mais
pas si rapidement, néanmoins, qu'ils ne
renversassent, en s'élançant, cinq ou six
hommes qui montaient aux roues et aux
marchepieds pour les arracher de leur

siége. Alors, comme ils l'avaient pensé, la colère du peuple s'éparpilla sur trois points.

A peine à terre, M. de Malden se trouva sous la hache de deux sapeurs ; les deux haches étaient levées, et ne cherchaient qu'un moyen de l'atteindre seul; il fit un mouvement violent et rapide, grâce auquel il écarta de lui les hommes qui le tenaient au collet, de sorte qu'une seconde il se trouva isolé.

Alors, se croisant les bras :

— Frappez ! dit-il.

Une des deux haches resta levée ; le courage de la victime paralysait l'assassin.

L'autre tomba altérée de sang ; mais, en tombant, elle rencontra un mousqueton dont le canon la fit dévier, et la pointe seulement atteignit M. de Malden au cou, et lui fit une légère blessure.

Alors, il donna tête baissée dans la multitude, qui s'ouvrit; mais, au bout de quelques pas, il fut reçu par un groupe d'officiers qui, voulant le sauver, le poussèrent du côté de la haie des gardes nationaux, laquelle faisait au roi et à la famille royale un chemin couvert de la voiture au château. En ce moment, le général la Fayette l'aperçut, et, poussant son cheval à lui, il le saisit au collet, et le tira contre ses étriers, afin de le couvrir, en quelque sorte, de sa popularité ; mais M. de Malden, le reconnaissant, s'était écrié :

— Laissez-moi, monsieur, ne vous occupez que de la famille royale, et abandonnez-moi à la canaille !

M. de la Fayette l'avait en effet lâché, et, apercevant un homme qui emportait la reine, s'était élancé du côté de cet homme.

M. de Malden avait alors été renversé, relevé, attaqué par les uns, défendu par les autres, et avait roulé ainsi, couvert de contusions, de blessures et de sang, jusqu'à la porte du château. Là, un officier de service, le voyant près de succomber, l'avait saisi au collet, et, l'attirant à lui, s'était écrié :

— Il serait dommage qu'un pareil misérable mourût d'une si douce mort... il faut inventer un supplice pour un brigand de cette espèce... Livrez-le moi donc, je m'en charge !

Et, continuant d'insulter M. de Malden en lui disant :

— Viens, coquin ! viens par ici !... C'est à moi que tu vas avoir affaire !

Il l'avait attiré jusqu'à un endroit plus sombre, où il lui avait dit :

— Sauvez-vous, monsieur, et pardonnez-moi la ruse dont j'ai dû me servir pour vous arracher des mains de ces misérables.

Alors, M. de Malden s'était glissé dans les escaliers du château, et avait disparu.

Quelque chose d'à peu près pareil s'était passé pour M. de Valory. Il avait reçu deux blessures graves à la tête ; mais, au moment où vingt baïonnettes, vingt sabres, vingt poignards se levaient sur lui pour l'achever, Pétion s'était élancé, et, repoussant les assassins avec toute la vigueur dont il était doué :

— Au nom de l'Assemblée nationale, s'était-il écrié, je vous déclare indignes du nom de Français, si vous ne vous écartez pas à l'instant même, et si vous ne me livrez pas cet homme... Je suis Pétion !

Et Pétion, qui, sous une enveloppe un peu rude, cachait une grande honnêteté, un cœur courageux et loyal, avait, en disant ces paroles, tellement resplendi aux yeux des meurtriers, qu'ils s'étaient écartés, et lui avaient abandonné M. de Valory.

Alors, il l'avait conduit, le soutenant, — car, tout étourdi des coups qu'il avait reçus, M. de Valory pouvait à peine se tenir debout, — alors, il l'avait conduit jusqu'à la haie des gardes nationaux, et l'avait remis entre les mains de l'aide-de-camp Mathieu Dumas, qui en avait répondu sur sa tête, et l'avait, en effet, protégé jusqu'au château.

En ce moment, Pétion avait entendu

la voix de Barnave, — Barnave l'appelait à son aide, insuffisant qu'il était pour défendre Charny.

Le comte, enlevé par vingt bras, renversé, traîné dans la poussière, s'était relevé, avait arraché une baïonnette à un fusil, et trouait à coups redoublés la foule autour de lui.

Mais il n'eût pas tardé à succomber dans cette lutte inégale, si Barnave, puis Pétion, n'étaient accourus à son secours.

La reine écouta ce récit dans son bain; seulement, madame Campan, qui le lui faisait, ne pouvait lui donner de nouvelles certaines que de MM. de Malden et de Valory, qui avaient été vus au château, meurtris, ensanglantés, mais, à tout prendre, sans blessures dangereuses.

Quant à Charny, on ne savait rien de positif sur son compte ; on disait bien qu'il avait été sauvé par MM. Barnave et Pétion, mais on ne l'avait pas vu rentrer au château.

A ces dernières paroles de madame Campan, une pâleur si livide passa sur le visage de la reine, que la femme de chambre, croyant que cette pâleur venait de la crainte qu'il ne fût arrivé malheur au comte, s'écria :

— Mais il ne faudrait pas que Sa Majesté désespérât du salut de M. de Charny, parce qu'il ne serait pas rentré au château; la reine sait que madame de Charny habite Paris, et peut-être le comte s'est-il réfugié chez sa femme...

C'était justement cette idée qui était venue à Marie-Antoinette, et qui l'avait si affreusement fait pâlir.

Elle s'élança hors du baïn en s'écriant :

— Habillez-moi, Campan! habillez-moi vite! Il faut absolument que je sache ce qu'est devenu le comte...

— Quel comte? demanda madame de Misery en entrant.

— Le comte de Charny ! s'écria la reine.

— Le comte de Charny est dans l'antichambre de Sa Majesté, dit madame de Misery, et sollicite l'honneur d'un moment d'entretien avec elle.

— Ah ! murmura la reine, il a donc tenu sa parole !

Les deux femmes se regardèrent, ignorant ce que voulait dire la reine, qui, haletante, incapable de prononcer un mot de plus, leur fit signe de se hâter.

Jamais toilette ne fut plus rapide ; il est vrai que Marie-Antoinette se contenta de tordre ses cheveux, qu'elle avait fait laver avec une eau parfumée, afin d'en enlever la poussière, et de passer, par-dessus sa chemise, un peignoir de mousseline blanche.

Lorsqu'elle rentra dans sa chambre, en ordonnant d'introduire le comte de Charny, elle était aussi blanche que son peignoir.

VI

Le coup de lance.

Quelques secondes après, le valet de chambre annonça M. le comte de Charny, et celui-ci parut dans l'encadrement de la porte, éclairé par le reflet d'or d'un rayon du soleil couchant.

Lui aussi, comme la reine, venait

d'employer le temps qui s'était écoulé depuis sa rentrée au château à faire disparaître les traces de ce long voyage et de la lutte terrible qu'il avait soutenue en arrivant.

Il avait revêtu son ancien uniforme, c'est-à-dire le costume de capitaine de frégate avec les revers rouges et le jabot de dentelle

C'était ce même costume qu'il portait le jour où il avait rencontré la reine et Andrée de Taverney sur la place du Palais-Royal, et où, les ayant conduites à un fiacre, il les avait ramenées jusqu'à Versailles.

Jamais il n'avait été si élégant, si calme, si beau, et la reine eut peine à croire, en l'apercevant, que ce fût le même homme qui, une heure auparavant, avait failli être mis en morceaux par le peuple.

— Oh! monsieur, s'écria la reine, on a dû vous dire combien j'étais inquiète de vous! et comme j'ai envoyé de tous les côtés demander de vos nouvelles!

— Oui, madame, dit Charny en s'inclinant, mais croyez bien que je ne suis rentré chez moi qu'après m'être assuré auprès de vos femmes que vous aussi étiez saine et sauve.

— On prétend que vous devez la vie à M. Pétion et M. Barnave... Est-ce vrai, et aurais-je encore à ce dernier cette nouvelle obligation?

— C'est vrai, madame, et j'ai même une double reconnaissance à M. Barnave, car, n'ayant pas voulu me quitter que je ne fusse dans ma chambre, il a eu la bonté de me dire que vous vous étiez occupée de moi pendant la route.

— De vous, comte! et de quelle façon?

— Mais en exposant au roi les inquiétudes que vous avez bien voulu penser que votre ancienne amie éprouverait de mon absence... Je suis loin de croire comme vous, madame, à la vivacité de ces inquiétudes; mais, cependant...

Il s'arrêta, car il lui semblait que la reine, déjà si pâle, pâlissait encore.

— Mais, cependant? répéta la reine.

— Cependant, reprit Charny, sans accepter dans toute son étendue le congé que Votre Majesté avait l'intention de m'offrir, je crois qu'en effet, rassuré comme je le suis maintenant sur la vie du roi, sur la vôtre, madame, et sur celle de vos augustes enfants, il est convenable que je donne en personne de mes nouvelles à madame la comtesse de Charny.

La reine appuya sa main gauche contre son cœur, comme si elle eût voulu s'assurer que ce cœur n'était pas mort du coup qu'il venait de recevoir, et, d'une voix presque étranglée par la sécheresse de sa gorge :

— Mais c'est trop juste, en effet, monsieur, dit-elle ; seulement, je me demande comment vous avez attendu si longtemps pour remplir ce devoir. .

— La reine oublie que je lui avais engagé ma parole de ne pas revoir la comtesse sans sa permission.

— Et cette permission, vous venez me la demander ?

— Oui, madame, dit Charny, et je supplie Votre Majesté de me l'accorder.

— Sans quoi, dans l'ardeur où vous êtes de revoir madame de Charny, vous vous en passeriez, n'est ce pas ?

— Je crois que la reine est injuste à

mon égard, dit Charny. Au moment où j'ai quitté Paris, j'ai cru le quitter pour longtemps, sinon pour toujours. Pendant tout ce voyage, j'ai humainement fait tout ce qu'il était en mon pouvoir de faire pour que ce voyage réussît... Ce n'est pas ma faute, que Votre Majesté s'en souvienne, si je n'ai pas, comme mon frère, laissé ma vie à Varennes, ou, comme M. de Dampierre, été mis en morceaux sur la route ou dans le jardin des Tuileries... Si j'avais eu la joie de conduire Votre Majesté au-delà de la frontière, ou l'honneur de mourir pour elle, je m'exilais ou je mourais sans revoir la comtesse... Mais, je le répète à Votre Majesté, de retour à Paris, je ne puis donner à la femme qui porte mon nom, — et vous savez comment elle le porte, madame !— cette marque d'indifférence, de ne pas lui donner de mes nouvelles, surtout mon frère Isidore n'étant plus là pour me remplacer... Au reste, ou M. Barnave s'est trompé, ou c'était, avant-hier encore, l'avis de Votre Majesté.

La reine laissa glisser son bras sur le dossier de sa chaise longue, et, suivant, avec tout le haut de son corps, ce mouvement qui la rapprochait de Charny :

— Vous aimez donc bien cette femme, monsieur, dit-elle, que vous me fassiez froidement une pareille douleur ?...

— Madame, dit Charny, il y a six ans

bientôt que vous-même, — au moment où je n'y songeais pas, parce qu'il n'existait pour moi qu'une femme sur la terre, et que, cette femme, Dieu l'avait placée tellement au-dessus de moi, que je ne pouvais l'atteindre! — il y a six ans que vous m'avez donné pour mari à mademoiselle Andrée de Taverney, et que vous me l'avez imposée pour femme ; depuis ces six ans, ma main n'a pas touché deux fois la sienne ; je ne lui ai pas, sans nécessité, adressé dix fois la parole, et dix fois nos regards ne se sont pas rencontrés... Ma vie, à moi, a été occupée, remplie d'un autre amour, prise par ces mille soins, par ces mille travaux, par ces mille combats qui agitent l'existence de l'homme ; j'ai vécu à la cour, arpenté les grands chemins, noué, pour ma part, et avec le fil que le roi avait bien voulu me confier, l'intrigue gigantesque que vient de dénouer la fatalité. Or, je n'ai pas compté les jours, je n'ai pas compté les mois, je n'ai pas compté les années : le temps a passé d'autant plus rapide, que j'ai été plus occupé de toutes ces affections, de tous ces soins, de toutes ces intrigues que je viens de dire. Mais il n'en a pas été ainsi de la comtesse de Charny, madame : depuis qu'elle a eu la douleur de vous quitter, après avoir eu sans doute le malheur de vous déplaire, elle vit seule, isolée, perdue dans ce pavillon de la rue Coq-Héron... Cette solitude, cet isolement, cet abandon, elle les a acceptés sans se plaindre ; car, — cœur exempt d'amour, — elle n'a pas besoin des mêmes affections que les autres femmes ; mais, ce qu'elle n'accepterait peut-être pas sans se plaindre, ce serait mon oubli à son égard des devoirs les plus simples, des convenances les plus vulgaires...

— Eh, mon Dieu! monsieur, s'écria la reine, vous voilà bien préoccupé de ce que madame de Charny pensera ou ne pensera pas de vous, selon qu'elle vous verra ou ne vous verra pas !... Avant de prendre tout ce souci, il serait bon de savoir si elle a songé à vous au moment de votre départ, ou si elle y songe à l'heure de votre retour.

— A l'heure de mon retour, j'ignore

si la comtesse songe à moi, madame; mais, au moment de mon départ, elle y a songé, j'en suis sûr!

— Vous l'avez donc vue au moment de votre départ?

— J'ai eu l'honneur de dire à Votre Majesté que je n'avais pas vu madame de Charny depuis que j'ai donné à la reine ma parole de ne pas la voir.

— Alors, elle vous a écrit?

Charny garda le silence.

— Voyons, s'écria Marie-Antoinette, elle vous a écrit, avouez-le!

— Elle a remis à mon frère Isidore une lettre pour moi.

— Et-vous avez lu cette lettre... Que vous disait-elle? que pouvait-elle vous écrire?... Ah! elle m'avait pourtant juré... Voyons, répondez vite... eh bien, dans cette lettre, elle vous disait?... Parlez donc! vous voyez que je bous!

— Je ne puis répéter à Votre Majesté ce que la comtesse me disait dans cette lettre : je ne l'ai pas lue.

— Vous l'avez déchirée? s'écria la reine joyeuse; vous l'avez jetée au feu sans la lire?... Charny! Charny! si vous avez fait cela, vous êtes le plus loyal des hommes, et j'avais tort de me plaindre : je n'ai rien perdu!

Et la reine tendit ses deux bras à Charny comme pour l'attirer à elle.

Mais Charny demeura à sa place.

— Je ne l'ai point déchirée, je ne l'ai point jetée au feu, dit-il.

— Mais, alors, dit la reine en retombant sur sa chaise, comment ne l'avez-vous pas lue?

— La lettre ne devait m'être remise par mon frère que dans le cas où je serais blessé à mort... Hélas! ce n'est pas moi qui devais mourir, c'était lui!... lui mort, on m'a apporté ses papiers; dans ses papiers était la lettre de la comtesse, et cette note que voici... tenez, madame.

Et Charny présenta à la reine le billet

écrit de la main d'Isidore, et qui était annexé à la lettre.

Marie-Antoinette prit ce billet d'une main tremblante, et sonna.

Pendant cette scène que nous venons de raconter, la nuit était venue.

— De la lumière, dit-elle, à l'instant !

Le valet de chambre sortit; il se fit une minute de silence où l'on n'entendit d'autre bruit que la respiration haletante de la reine, et le battement précipité de son cœur.

Le valet de chambre rentra avec deux candélabres qu'il posa sur la cheminée.

La reine ne lui donna pas même le temps de se retirer, et, tandis qu'il s'éloignait et refermait la porte, elle s'approcha de la cheminée le billet à la main,

Mais deux fois elle jeta les yeux sur le papier sans rien voir.

— Oh ! murmura-t-elle, ce n'est point du papier, c'est de la flamme !

Enfin, à force de volonté, sa main cessa de trembler, et ses yeux commencèrent à voir.

Elle lut d'une voix rauque et qui n'avait rien de commun avec sa voix habituelle :

« Cette lettre est adressée, non point à moi, mais à mon frère, le comte Olivier de Charny ; elle est écrite par sa femme, la comtesse de Charny..., »

La reine s'arrêta quelques secondes, puis reprit :

« S'il m'arrivait malheur, celui qui trouverait ce papier est prié de le faire passer au comte Olivier de Charny, ou de le renvoyer à la comtesse... »

La reine s'arrêta une seconde fois, secoua la tête, et continua :

« Je le tiens de celle-ci avec la recommandation suivante... »

— Ah! voyons la recommandation, murmura la reine.

Et elle passa de nouveau sa main sur ses yeux.

« Si, dans l'entreprise qu'il poursuit, le comte réussissait sans accident, rendre la lettre à la comtesse... »

La voix de la reine devenait de plus en plus haletante, au fur et à mesure qu'elle lisait.

Elle poursuivit :

« S'il était blessé grièvement, mais sans danger de mort, le prier d'accorder à sa femme la grâce de le rejoindre... »

— Oh! c'est clair, cela! balbutia la reine.

Puis, d'une voix presque inintelligible :

« Enfin, s'il était blessé à mort, lui donner cette lettre, et, s'il ne peut la lire lui-même, la lui lire, afin qu'avant d'expirer il connaisse le secret qu'elle contient... »

— Eh bien, le nierez-vous, maintenant? s'écria Marie-Antoinette en couvrant le comte d'un regard enflammé.

— Quoi?

— Eh mon Dieu ! qu'elle vous aime !...

— Qui? moi?... la comtesse m'aime? que dites-vous là, madame ? s'écria à son tour Charny.

— Oh! malheureuse que je suis! je dis la vérité!

— La comtesse m'aimer? moi? impossible!

— Et pourquoi?... Je vous aime bien, moi!

— Mais, depuis six ans, si la comtesse m'aimait, la comtesse me l'eût dit, la comtesse me l'eût laissé apercevoir...

Le moment était venu pour la pauvre Marie-Antoinette où elle souffrait tant, qu'elle sentait le besoin de s'enfoncer, comme un poignard, la souffrance au plus profond du cœur.

— Non, s'écria-t-elle, non, elle ne

vous a rien laissé apercevoir ; non, elle ne vous a rien dit ; mais, si elle ne vous a rien dit, si elle ne vous a rien laissé apercevoir, c'est qu'elle sait bien qu'elle ne peut être votre femme !

— La comtesse de Charny ne peut être ma femme ? répéta Olivier.

— C'est, continua la reine s'enivrant de plus en plus de sa propre douleur, c'est qu'elle sait bien qu'il y a entre vous un secret qui tuerait votre amour !

—Un secret qui tuerait notre amour?...

— C'est qu'elle sait bien que, du moment où elle parlerait, vous la mépriseriez !

— Moi, mépriser la comtesse?...

— A moins qu'on ne méprise pas la jeune fille, femme sans époux, mère sans mari...

Ce fut au tour de Charny de devenir pâle comme la mort, et de chercher un appui sur le fauteuil le plus proche de sa main.

— Oh! madame... madame! s'écria-t-il, vous en avez dit trop ou trop peu... et j'ai le droit de vous demander une explication.

— Une explication, monsieur! à moi, à la reine, une explication?...

— Oui, madame, dit Charny, et je vous la demande!

En ce moment la porte s'ouvrit.

— Que me veut-on? s'écria la reine impatiente.

— Votre Majesté, répondit le valet de chambre, avait dit autrefois qu'elle y était toujours pour le docteur Gilbert.

— Eh bien?

— Le docteur Gilbert réclame l'honneur de présenter ses humbles respects à Votre Majesté.

— Le docteur Gilbert! dit la reine; êtes-vous bien sûr que ce soit le docteur Gilbert?

— Oui, madame.

— Oh! qu'il entre, qu'il entre, alors! dit la reine.

Puis, se retournant vers Charny :

— Vous vouliez une explication au sujet de madame de Charny, dit-elle en élevant la voix ; tenez, cette explication, demandez-la à M. le docteur Gilbert.... mieux que personne il est à même de vous la donner !

Gilbert était entré pendant ce temps ; il avait entendu les paroles que venait de prononcer Marie-Antoinette, et il était resté debout et immobile sur le seuil de la porte.

Quant à la reine, rejetant à Charny le

billet de son frère, elle fit quelques pas pour gagner son cabinet de toilette ; mais, plus rapide qu'elle, le comte lui barra le passage en la saisissant par le poignet.

— Pardon. madame, dit-il, mais, cette explication, c'est devant vous qu'elle doit avoir lieu.

— Monsieur, dit Marie-Antoinette, l'œil fiévreux et les dents serrées, vous oubliez, je crois, que je suis la reine !

— Vous êtes une amie ingrate qui calomniez votre amie ; vous êtes une femme jalouse qui insultez une autre femme, la femme d'un homme qui, depuis trois jours, a risqué vingt fois sa vie pour vous, la femme du comte de Charny !... Ce sera devant vous, qui l'avez calomniée, qui l'avez insultée, que justice lui sera rendue... Asseyez-vous donc là, et attendez !

— Eh bien, soit, dit la reine. — Monsieur Gilbert, continua t-elle en essayant un rire mal réussi, vous voyez ce que désire monsieur.

— Monsieur Gilbert, dit Charny d'un ton plein de courtoisie et de dignité, vous entendez ce qu'ordonne la reine.

Gilbert s'avança, et, regardant tristement Marie-Antoinette :

— Oh ! madame ! madame ! murmura t-il.

Puis, se tournant vers Charny :

— Monsieur le comte, ce que j'ai à vous dire est la honte d'un homme et la gloire d'une femme... Un malheureux, un paysan, un ver de terre aimait mademoiselle de Taverney : un jour, il la trouva évanouie, et, sans respect pour sa jeunesse, pour sa beauté, pour son innocence, le misérable la viola !... Et c'est ainsi que la jeune fille fut femme sans époux et mère sans mari... mademoiselle de Taverney est un ange ! madame de Charny est une martyre !

Charny essuya la sueur qui coulait sur son front.

— Merci, monsieur Gilbert, dit-il.

Puis, s'adressant à la reine :

— Madame, dit-il, j'ignorais que mademoiselle de Taverney eût été si malheureuse ! j'ignorais que madame de Charny fût si respectable ! sans quoi, je vous prie de le croire, je n'eusse pas été six ans sans tomber à ses genoux, et sans l'adorer comme elle mérite d'être adorée !

Et, s'inclinant devant la reine stupéfaite, il sortit sans que la malheureuse femme osât faire un mouvement pour le retenir.

Seulement, il entendit le cri de douleur qu'elle jeta en voyant la porte se refermer entre elle et lui.

C'est qu'elle comprenait que, sur cette porte, comme sur celle de l'enfer, la main du démon de la jalousie venait d'écrire cette terrible sentence :

Lasciate ogni speranza !

VII

Date lilia.

Disons un peu ce que devenait la comtesse de Charny, tandis qu'avait lieu entre le comte et la reine la scène que nous venons de raconter, et qui brisait si douloureusement une longue série de douleurs.

D'abord, pour nous, qui connaissons l'état de son cœur, il est facile d'imaginer ce qu'elle souffrit à compter du départ d'Isidore.

Elle tremblait à la fois que ce grand projet, qu'elle avait deviné être celui d'une fuite, réussît ou échouât.

En effet, s'il réussissait, elle connaissait assez le dévouement du comte à ses maîtres pour être sûre que, dès que ceux-ci seraient en exil, il ne les quitterait plus ; — s'il échouait, elle connaissait assez le courage d'Olivier pour être sûre qu'il lutterait jusqu'au dernier moment, tant qu'il resterait quelque espoir, et même quand il n'en resterait plus, contre les obstacles, quels qu'ils fussent.

Du moment où Isidore avait pris congé d'elle, la comtesse avait donc eu l'œil constamment ouvert pour saisir toute lueur, l'oreille constamment attentive pour percevoir tout bruit.

Le lendemain, elle apprit, avec le reste de la population parisienne, que le roi et la famille royale avaient quitté Paris dans la nuit.

Aucun accident n'avait signalé ce départ.

Puisqu'il y avait eu départ, comme elle s'en était doutée, Charny en était donc ; Charny s'éloignait d'elle !

Elle poussa un profond soupir, et s'agenouilla priant pour sa route heureuse.

Puis, pendant deux jours, Paris resta muet et sans écho.

Enfin, dans la matinée du troisième jour, une grande rumeur éclata sur la ville : le roi était arrêté à Varennes.

Il n'y avait aucun détail : à part ce coup de foudre, aucun bruit ; à part cet éclair, la nuit.

Le roi était arrêté à Varennes, voilà tout.

Andrée ignorait ce que c'était que Varennes. Cette petite ville, si fatalement célèbre depuis ; ce bourg, qui devait plus tard devenir une menace pour toute royauté, partageait, à cette époque, l'obscurité qui pesait et qui pèse encore sur dix milles communes de France aussi peu importantes et aussi inconnues que lui.

Andrée ouvrit un dictionnaire de géographie, et lut :

« Varennes-en-Argonne, chef-lieu de canton ; habitants : 1607. »

Puis elle chercha sur une carte, et trouva Varennes, placé comme centre de triangle, entre Stenay, Verdun et Châlons, à la lisière de sa forêt, sur les bords de sa petite rivière.

Ce fut donc sur ce point obscur de la France que se concentra désormais toute son attention; ce fut là qu'elle vécut en pensées, en espérances, et en craintes.

Puis, peu à peu, à la suite de la grande nouvelle, vinrent les nouvelles secondaires, comme, au lever du soleil, après le grand ensemble qu'il tire du chaos, viennent les petits détails.

Ces petits détails étaient immenses pour elle !

M. de Bouillé, disait-on, avait poursuivi le roi, avait attaqué l'escorte, et, après un combat acharné, s'était retiré laissant la famille royale aux mains des patriotes vainqueurs.

Sans doute, Charny avait pris part à ce combat; sans doute, Charny ne s'était retiré que le dernier, si toutefois Charny n'était pas resté sur le champ de bataille.

Puis bientôt on annonça que l'un des trois gardes du corps qui accompagnaient le roi avait été tué.

Puis le nom se fit jour ; seulement, on ne savait pas si c'était le vicomte ou le comte, si c'était Isidore ou Olivier de Charny.

C'était un Charny, on ne pouvait rien dire de plus.

Pendant les deux jours où cette question demeura indécise, le cœur d'Andrée roula dans d'inexprimables angoisses !

Enfin, on annonça le retour du roi et de la famille royale pour le samedi 26 ; les augustes prisonniers avaient couché à Meaux.

En calculant le temps et l'espace sur la mesure ordinaire, le roi devait être à Paris avant midi ; en supposant qu'il revînt par la route la plus directe, le roi devait rentrer dans Paris par la rue Saint-Martin.

A onze heures, madame de Charny, en costume de la plus grande simplicité, le visage couvert d'un voile, était à la barrière.

Elle attendit jusqu'à trois heures.

A trois heures, les premiers flots de la foule, poussant tout devant eux, annoncèrent que le roi contournerait Paris, et rentrerait par la barrière des Champs-Elysées.

C'était tout Paris à traverser, et à traverser à pied : nul n'eût osé circuler en voiture au milieu de la foule compacte qui remplissait les rues.

Jamais, depuis la prise de la Bastille, il n'y avait eu pareil encombrement sur le boulevard.

Andrée n'hésita point : elle prit le chemin des Champs-Elysées, et arriva une des premières.

Là, elle attendit encore trois heures, trois mortelles heures!

Enfin, le cortége parut : nous avons dit dans quel ordre et dans quelles conditions il marchait.

Andrée vit passer la voiture ; elle jeta un grand cri de joie : elle venait de reconnaître Charny sur le siége.

Un cri qui eût semblé l'écho du sien, s'il n'eût été un cri de douleur, lui répondit.

Andrée se tourna du côté d'où venait ce cri : une jeune fille se débattait entre les bras de trois ou quatre personnes charitables qui s'empressaient de lui porter des secours.

Elle paraissait en proie au plus violent désespoir.

Peut-être Andrée eût-elle accordé une plus efficace attention à cette jeune fille, si elle n'eût entendu murmurer autour d'elle toutes sortes d'imprécations contre ces trois hommes placés sur le siége de la voiture du roi.

Ce serait sur eux que tomberait la colère du peuple ; ce seraient eux les boucs émissaires de cette grande trahison royale ; ils seraient indubitablement mis en pièces au moment où la voiture s'arrêterait.

Et Charny était un de ces trois hommes !

Andrée résolut de faire tout ce qu'elle pourrait afin de pénétrer dans le jardin des Tuileries.

Mais, pour cela, il fallait contourner la foule, revenir par le bord de l'eau, c'est-à-dire par le quai de la Conférence, et rentrer dans le jardin, si la chose était possible, par le quai des Tuileries.

Andrée prit la rue de Chaillot, et gagna le quai.

A force de tentatives, au risque d'être écrasée vingt fois, elle parvint à franchir la grille ; mais une telle foule se pressait à l'endroit où devait s'arrêter la voiture, qu'il ne fallait pas songer à arriver aux premiers rangs.

Andrée pensa que, de la terrasse du bord de l'eau, elle dominerait toute cette foule ; il est vrai que la distance serait trop grande pour qu'elle pût rien distinguer en détail, rien entendre sûrement.

N'importe ! elle verrait mal et entendrait mal ; cela valait mieux que de ne pas voir et de ne pas entendre du tout.

Elle monta donc sur la terrasse du bord de l'eau.

De là, en effet, elle voyait le siége de la voiture, Charny et les deux gardes ; — Charny, qui ne se doutait pas qu'à cent pas de lui, un cœur battait si violemment pour lui! — Charny, qui, en ce moment, n'avait probablement pas un souvenir pour Andrée! — Charny, qui ne pensait qu'à la reine, qui oubliait sa propre sûreté pour veiller à la sûreté de la reine!

Oh! si elle eût su qu'à cet instant même, Charny pressait sa lettre sur son cœur, et lui offrait, en pensée, ce dernier soupir qu'il se croyait tout près d'exhaler!

Enfin, la voiture s'arrêta au milieu des cris, des hurlements, des clameurs.

Presque aussitôt il se fit autour de cette voiture un grand bruit, un grand mouvement, un immense tumulte.

Les baïonnettes, les piques, les sabres se levèrent ; on eût dit une moisson de fer poussant sous un orage.

Les trois hommes, précipités du siége, disparurent comme s'ils fussent tombés dans un gouffre... Puis il y eut un tel remous dans toute cette multitude, que ses derniers rangs vinrent se briser contre le mur de soutènement de la terrasse.

Andrée était enveloppée d'un voile d'angoisse ; elle ne voyait, elle n'entendait plus rien ; elle jetait, haletante, les bras tendus, des sons inarticulés au milieu de ce concert terrible qui se composait de malédictions, de blasphèmes, de cris de mort.

Puis elle ne sut plus se rendre compte de ce qui se passait; la terre tourna, le ciel devint rouge, un bruissement pareil à celui de la mer qui monte gronda à ses oreilles.

C'était le sang qui montait du cœur à la tête, et qui envahissait le cerveau.

Elle tomba à demi évanouie, comprenant qu'elle vivait parce qu'elle souffrait.

Une impression de fraîcheur la fit revenir à elle : une femme lui appliquait au front un mouchoir trempé dans l'eau de la Seine, tandis qu'une autre lui faisait respirer un flacon de sels.

Elle se rappela cette autre femme qu'elle avait vue mourante comme elle à la barrière, sans savoir quelle instinctive analogie rattachait, par un lien inconnu, la douleur de cette femme à sa douleur.

En revenant à elle, son premier mot fut :

— Sont-ils morts ?

La compassion est intelligente : ceux

qui entouraient Andrée comprirent qu'il s'agissait de ces trois hommes dont la vie avait été si cruellement menacée.

— Non, lui répondit-on, ils sont sauvés !

— Tous trois ? demanda-t-elle.

— Tous trois, oui.

— Oh ! le Seigneur soit loué !... Et où sont-ils ?

— On croit qu'ils sont au château.

— Au château... Merci !

Et, se relevant, secouant la tête, s'orientant d'un œil égaré, la jeune femme sortit par la grille du bord de l'eau, afin de rentrer par le guichet du Louvre.

Elle pensait, avec raison, que, de ce côté-là, la foule serait moins compacte.

En effet, la rue des Orties était presque vide.

Elle traversa un coin de la place du Carrousel, entra dans la cour des Princes, et s'élança chez le concierge.

Cet homme connaissait la comtesse : il l'avait vue entrer au château; et en sortir, pendant les deux ou trois premières journées du retour de Versailles.

Puis il l'avait vue sortir pour ne plus

rentrer, le jour où, poursuivie par Sébastien, Andrée avait enlevé l'enfant dans sa voiture.

Le concierge consentit à aller aux renseignements. Par les corridors intérieurs, il parvint bientôt au cœur du château.

Les trois officiers étaient sauvés ; M. de Charny, sain et sauf, s'était retiré dans sa chambre.

Un quart d'heure après, il en était sorti en uniforme d'officier de marine, et s'était rendu chez la reine, où il devait être en ce moment.

Andrée respira, tendit sa bourse à

celui qui lui donnait ces bonnes nouvelles, et, tout étourdie, toute haletante, demanda un verre d'eau.

Ah ! Charny était donc sauvé !

Elle remercia le brave homme, et reprit le chemin de l'hôtel de la rue Coq-Héron.

Arrivée là, elle alla tomber, non pas sur une chaise, non pas sur un fauteuil, mais devant son prie-Dieu.

Ce n'était pas pour prier de bouche ; il y a des moments où la reconnaissance envers le Seigneur est si grande, que les paroles manquent ; alors, ce sont les bras, ce sont les yeux, c'est tout le corps, c'est tout le cœur, toute l'âme, qui s'élancent à Dieu.

Elle était plongée dans cette bienheureuse extase, quand elle entendit la porte s'ouvrir; elle se retourna lentement, ne comprenant rien à ce bruit de la terre qui venait la chercher au plus profond de sa rêverie.

Sa femme de chambre était debout la cherchant des yeux, perdue qu'elle était dans l'obscurité.

Derrière la femme de chambre se dressait une ombre, une forme indécise, mais à laquelle son instinct donna aussitôt des contours et un nom.

— M. le comte de Charny, dit la femme de chambre.

Andrée voulut se relever, mais les forces lui manquèrent ; elle retomba les genoux sur le coussin, et, se redressant à moitié, elle appuya son bras sur la déclivité du prie-Dieu.

— Le comte! murmura-t'-elle, le comte!...

Et, quoiqu'il fût là, devant ses yeux, elle ne pouvait croire à sa présence.

Andrée fit un signe de la tête ; — elle ne pouvait parler ; — la femme de cham- s'effaça pour laisser passer Charny, et referma la porte.

Charny et la comtesse se trouvèrent seuls.

— On m'a dit que vous veniez de rentrer, madame, dit Charny; ne suis-je pas indiscret de vous avoir de si près suivie?

— Non, dit-elle, d'une voix tremblante, non... vous êtes le bien venu, monsieur... J'étais tellement inquiète, que j'étais sortie pour savoir ce qui se passerait.

— Vous étiez sortie... depuis longtemps?

— Depuis le matin, monsieur... J'ai

d'abord été à la barrière Saint-Martin, puis à celle des Champs-Élysées.. Là, j'ai... j'ai vu... — Elle hésita. — J'ai vu le roi, la famille royale... je vous ai vu; et j'ai été rassurée... momentanément, du moins. On craignait pour vous à la descente de voiture ; alors, je suis revenue dans le jardin des Tuileries... Ah! là, j'ai pensé mourir !...

— Oui, dit Charny, la foule était grande ; vous avez été pressée, étouffée presque... je comprends.

— Non, non, dit Andrée en secouant la tête, oh ! non, ce n'est pas cela !... Enfin, je me suis informée : j'ai appris que vous étiez sauvé ; je suis revenue ici...

et, vous voyez, j'étais à genoux... je priais... je remerciais Dieu !

— Puisque vous étiez à genoux, madame, puisque vous parliez au Seigneur, ne vous relevez pas sans lui dire quelques paroles pour mon pauvre frère..

— M. Isidore !... Ah ! s'écria Andrée, c'était donc lui, malheureux jeune homme !

Et elle laissa retomber sa tête sur ses deux mains.

Charny fit quelques pas en avant, et regarda avec une profonde expression de tendresse et de mélancolie cette chaste créature qui priait. Il y avait, en outre, dans ce regard, un immense sentiment de commisération, de mansuétude et de miséricorde.

Puis quelque chose encore comme un désir retenu.

La reine ne lui avait-elle pas dit, ou plutôt n'avait-elle pas laissé échapper cette étrange révélation, qu'Andrée l'aimait?

Sa prière finie, la comtesse se retourna.

— Et il est mort? dit-elle.

— Mort, madame! comme est mort

le pauvre Georges, pour la même cause, et en remplissant le même devoir!

— Et, au milieu de cette grande douleur qu'a dû vous faire éprouver la mort d'un frère, vous avez eu le temps de songer à moi? dit Andrée, d'une voix si faible, qu'à peine ses paroles étaient-elles compréhensibles.

Heureusement, Charny écoutait avec le cœur et avec les oreilles à la fois.

— Madame, dit-il, n'aviez-vous pas chargé mon frère d'une mission pour moi?

— Monsieur... balbutia Andrée en se

relevant sur un genou, et en regardant le comte avec anxiété.

— Ne lui aviez-vous pas remis une lettre à mon adresse?

— Monsieur!... répéta Andrée d'une voix frémissante.

— Après la mort du pauvre Isidore, ses papiers m'ont été rendus, madame, et votre lettre était parmi ses papiers.

— Vous l'avez lue? s'écria Andrée en cachant sa tête entre ses deux mains; ah!...

— Madame, je ne devais connaître le

contenu de cette lettre que si j'étais mortellement blessé, et, vous le voyez, je suis sain et sauf.

— Alors, la lettre ?...

— La voici intacte, madame, et telle que vous l'avez remise à Isidore.

— Oh! murmura Andrée en prenant la lettre, c'est bien beau ou bien cruel, ce que vous faites là!

Charny étendit le bras, et prit la main d'Andrée, qu'il mit entre ses deux mains.

Andrée fit un mouvement pour retirer sa main.

Puis, comme Charny insistait en murmurant :

— Par grâce, madame !...

Elle poussa un soupir presque d'effroi ; mais, sans force contre elle-même, elle laissa sa main frissonnante et humide entre les deux mains de Charny.

Alors, embarrassée, ne sachant où arrêter ses yeux, ne sachant comment fuir le regard de Charny, qu'elle sentait fixé sur elle ; ne pouvant reculer, adossée qu'elle était au prie-dieu :

— Oui, je comprends, monsieur, dit-elle ; et vous êtes venu pour me rendre cette lettre...

— Pour cela, oui, madame... et aussi pour autre chose... J'ai à vous demander bien des pardons, comtesse !

Andrée tressaillit jusqu'au fond du cœur : c'était la première fois que Charny lui donnait ce titre sans le faire précéder du mot *madame*.

Puis sa voix avait prononcé la phrase tout entière avec une inflexion d'une douceur infinie.

— Des pardons, à moi, monsieur le comte ? Et à quelle occasion, je vous prie ?

— Pour la manière dont je me suis conduit envers vous pendant six ans.

Andrée le regarda avec un profond étonnement.

— Me suis-je jamais plainte, monsieur? demanda-t-elle.

— Non, madame, parce que vous êtes un ange!

Malgré elle, les yeux d'Andrée se voilèrent, et elle sentit des larmes rouler sous ses paupières.

— Vous pleurez, Andrée? dit Charny.

— Oh! s'écria Andrée en fondant en larmes, excusez-moi, monsieur... mais je n'ai pas l'habitude que vous me parliez ainsi... Ah! mon Dieu! mon Dieu!...

Et elle alla s'abattre sur une chaise longue, laissant tomber sa tête entre ses mains.

Puis, au bout d'un instant, écartant ses mains, et secouant la tête :

— Mais, en vérité, je suis folle! dit-elle.

Tout à coup, elle s'arrêta. Pendant qu'elle avait les yeux perdus dans ses mains, Charny était venu s'agenouiller devant elle.

— Oh! vous, à mes genoux! vous, à mes pieds! dit-elle.

— Ne vous ai-je pas dit, Andrée, que je venais vous demander pardon ?

— A mes genoux ! à mes pieds ! répéta-t-elle, comme une femme qui ne peut croire à ce qu'elle voit.

— Andrée, vous m'avez retiré votre main, dit Charny.

Et il tendit de nouveau sa main à la jeune femme.

Mais, elle, se reculant avec un sentiment qui ressemblait à de la terreur :

— Que veut dire cela ? murmura-t-elle.

— Andrée, répondit Charny de sa plus douce voix, cela veut dire que je vous aime!

Andrée appuya sa main sur son cœur, et jeta un cri.

Puis, se levant tout debout, comme si un ressort l'eût mise sur ses pieds, et serrant ses tempes entre ses deux mains:

— Il m'aime! il m'aime! répéta-t-elle, mais c'est impossible!

— Dites que c'est impossible que vous m'aimiez, Andrée, mais ne dites pas qu'il est impossible que je vous aime!

Elle abaissa son regard sur Charny,

comme pour s'assurer qu'il disait vrai : les grands yeux noirs du comte disaient bien au-delà de ce qu'avaient dit ses paroles.

Andrée, qui aurait pu douter des paroles, ne douta point du regard.

— Oh! murmura-t-elle, mon Dieu! mon Dieu! y a-t-il au monde une créature plus malheureuse que moi?

— Andrée, continua Charny, dites-moi que vous m'aimez... ou, si vous ne me dites pas que vous m'aimez, dites-moi au moins que vous ne me haïssez pas!

— Moi, vous haïr? s'écria Andrée.

Et, à leur tour, ses yeux si calmes, si sereins, laissèrent échapper un double éclair.

— Oh! monsieur, ajouta-t-elle, vous seriez bien injuste si vous preniez pour de la haine le sentiment que vous m'inspirez!

— Mais, enfin, si ce n'est pas de la haine, si ce n'est pas de l'amour, qu'est-ce donc, Andrée?

— Ce n'est pas de l'amour, parce qu'il ne m'est pas permis de vous aimer... Ne m'avez-vous pas entendu tout à l'heure crier à Dieu que j'étais la plus malheureuse créature de la terre?

— Et pourquoi ne vous est-il pas permis de m'aimer, quand je vous aime, moi, Andrée, de toutes les forces de mon cœur?

— Ah! voilà ce que je ne veux pas, voilà ce que je ne peux pas, voilà ce que je n'ose pas vous dire! répondit Andrée en se tordant les bras.

— Mais, reprit Charny en adoucissant encore le timbre de sa voix, si ce que vous ne voulez pas, ce que vous ne pouvez pas, ce que vous n'osez pas dire, si une autre personne me l'avait dit, à moi?

Andrée appuya ses deux mains sur les épaules de Charny.

— Hein ? fit-elle épouvantée ?

— Si je le savais ? continua Charny.

— Mon Dieu !...

— Et si c'était, vous trouvant plus digne et plus respectable de ce malheur même, si c'était en apprenant ce secret terrible que je me suis décidé à venir vous dire que je vous aimais ?...

— Si vous aviez fait cela, monsieur, vous seriez le plus noble et le plus généreux des hommes !

— Je vous aime, Andrée! répéta Charny; je vous aime! je vous aime!...

— Ah! fit Andrée en levant ses deux bras au ciel, je ne savais pas, mon Dieu, qu'il pût y avoir une pareille joie en ce monde!

— Mais, à votre tour, Andrée, dites-moi donc que vous m'aimez! s'écria Charny.

— Oh! non! je n'oserai jamais! dit Andrée; mais lisez cette lettre, qui devait vous être remise à votre lit de mort...

Et elle tendit au comte la lettre qu'il lui avait rapportée.

Tandis qu'Andrée couvrait son visage de ses deux mains, Charny brisa vivement le cachet de cette lettre, en lut les premières lignes, jeta un cri, puis, écartant les mains d'Andrée, et, du même mouvement, la ramenant sur son cœur :

— Depuis le jour où tu m'as vu! depuis six ans!... Oh! sainte créature! dit-il, comment t'aimerai-je jamais assez pour te faire oublier ce que tu as souffert?...

— Mon Dieu! murmura Andrée en pliant comme un roseau sous le poids de tant de bonheur, si c'est un rêve, faites que je ne me réveille jamais, ou que je meure en me réveillant!...

Et, maintenant, oublions ceux qui sont heureux pour revenir à ceux qui souffrent, qui luttent ou qui haïssent, et peut-être que leur mauvais destin les oubliera comme nous !

VIII

Un peu d'ombre après le soleil.

Le 16 juillet 1794, c'est-à-dire quelques jours après les évènements que nous venons de raconter, deux nouveaux personnages — que nous avons tardé jusqu'à ce moment à faire connaître à nos lecteurs, afin de les leur présenter sous leur véritable jour, — écrivaient tous les deux à la même table, dans un petit salon s'ouvrant au troisième étage de l'hôtel Britannique, situé rue Guénégaud.

Ce petit salon donnait, par une de ses portes, dans une modeste salle à manger où, d'ailleurs, on reconnaissait en tout point l'ameublement des hôtels garnis, et, par une autre porte, dans une chambre à coucher étaient dressés deux lits jumeaux.

Les deux écrivains était de sexe différent, et méritent chacun une mention particulière.

L'homme paraissait avoir soixante ans environ, un peu moins peut-être ; il était grand, il était maigre ; il avait l'air à la fois austère et passionné. Les lignes droites de son visage indiquaient un penseur calme et sérieux, chez lequel les qualités rigides et droites de l'esprit l'emportaient sur les fantaisies de l'imagination.

La femme n'accusait guères que trente ou trente-deux ans, quoique, en réalité, elle en eût déjà près de trente-six. A un certain éclat du sang, à une certaine vigueur de carnation, il était facile de voir qu'elle sortait de souche populaire ; elle avait des yeux charmants, de cette teinte indécise qui emprunte les différentes nuances du gris, du vert et du bleu ; des yeux doux et fermes à la fois ; la bouche grande, mais ornée de fraîches lèvres et de blanches dents ; le menton et le nez retroussés ; la main belle, quoique un peu forte ; la taille riche, plantureuse, cambrée ; une gorge merveilleuse, et les hanches de la Vénus de Syracuse.

L'homme, c'était Jean-Marie Roland de la Plâtrière, né, en 1732, à Villefranche, près de Lyon.

La femme, c'était Manon-Jeanne Philippon, née à Paris, en 1754.

Ils s'étaient mariés onze ans auparavant, c'est-à-dire en 1780.

Nous avons dit que la femme était de

race populaire ; les noms le prouvent : Manon-Jeanne Philippon ; noms de baptême, nom propre, tout dénonce l'origine. Fille d'un graveur, elle gravait elle-même jusqu'à ce que, à l'âge de vingt-cinq ans, elle eût épousé Roland, qui avait vingt-quatre ans de plus qu'elle ; alors, de graveur, elle devint copiste, traducteur, compilateur; des livres comme l'*Art du tourbier*, l'*Art du fabricant de laine rase et sèche*, le *Dictionnaire des manufactures*, avaient absorbé dans un rude et ingrat travail les plus belles années de cette femme à la riche nature, qui resta vierge de toute faute, sinon de toute passion, non par stérilité de cœur, mais par pureté d'âme.

Dans le sentiment qu'elle avait voué à

son mari, le respect de la fille l'emportait sur l'amour de la femme ; cet amour, c'était une espèce de culte chaste et en dehors de tous rapports physiques ; il allait jusqu'à lui faire quitter son travail du jour, qu'elle rattrapait sur les heures de la nuit, pour préparer elle-même les repas du vieillard, dont l'estomac affaibli ne pouvait supporter qu'un certain genre de nourriture.

En 1789, madame Roland menait cette vie obscure et laborieuse en province. Son mari habitait, alors, le clos de la Plâtrière, dont il prit le nom ; ce clos était situé à Villefranche, près de Lyon. C'est là que vint les faire tressaillir tous deux le canon de la Bastille.

C'est au bruit de ce canon que tout ce qu'il y avait de grand, de patriotique, de saintement français, s'éveilla dans le cœur de la noble créature. La France n'était plus un royaume, c'était une nation ; ce n'était plus simplement un pays qu'on habite : c'était une patrie ! La fédération de 90 arriva : celle de Lyon, on se le rappelle, précéda celle de Paris. Jeanne Philippon, qui, dans la maison paternelle du quai de l'Horloge, voyait tous les jours, en regardant de sa fenêtre le *bleu profond du ciel*, se lever le soleil, qu'elle pouvait suivre jusqu'à l'extrémité des Champs-Elysées, où il semblait s'abaisser jusque sur la cime verte et feuillue des arbres, avait vu, dès trois heures du matin, se lever du haut de Fourvières cet autre soleil bien autrement dévorant, bien autrement lumineux qu'on appelle la liberté ! De là, son regard avait embrassé toute cette grande fête citoyenne; de là, son cœur avait plongé dans cet océan de fraternité, et il en était sorti, comme Achille, invulnérable partout, excepté à un seul endroit : ce fut à cet endroit que la frappa l'amour; mais, à cette blessure, au moins ne succomba-t-elle pas.

Le soir de ce grand jour, tout enthousiasmée de ce qu'elle avait vu, se sentant poète, se sentant historien, elle avait écrit la relation de cette fête; cette relation, elle l'avait envoyée à son ami Champagneux, rédacteur en chef du

Journal de Lyon ; le jeune homme, étonné, ébloui, émerveillé de l'ardent récit, l'avait imprimé dans son journal, et, le lendemain, le journal, qui se tirait d'ordinaire à douze ou quinze cents exemplaires, s'était tiré à soixante mille !

Expliquons, en deux mots, comment cette imagination de poète et ce cœur de femme prirent tant d'ardeur à la politique. C'est que Jeanne Philippon, traitée par son père comme un ouvrier graveur; c'est que madame Roland, traitée par son mari comme un secrétaire, ne touchant, dans la maison paternelle où la maison conjugale, qu'aux choses austères de la vie ; c'est que madame Roland, entre les mains de laquelle n'avait jamais passé un livre frivole ; c'est que madame Roland regardait, disons-nous, comme une grande distraction, comme un suprême passe-temps le *Procès-verbal des électeurs de* 89 ou le *Récit de la prise de la Bastille.*

Quand à Roland, il était, lui, un exemple de ce que la Providence, le hasard ou la fatalité peuvent, par un fait sans importance, amener de changements dans la vie d'un homme ou l'existence d'un empire.

Il était le dernier de cinq frères ; on voulait faire de lui un prêtre ; lui voulut rester un homme. A dix-neuf ans, il quitte la maison paternelle, et, seul, à pied, sans argent, traverse la France, se rend à Nantes, se place chez un armateur, et obtient d'être envoyé aux Indes ; au moment du départ, à l'heure même où appareille le navire, un crachement de sang survient, si considérable, que le médecin lui défend la mer. — Cromwell s'embarquant pour l'Amérique, au lieu de rester en Angleterre retenu par l'ordre de Charles Ier, peut-être l'échafaud de Withe-Hall ne s'élevait-il pas! Roland partant pour les Indes, peut-être le 10 août n'avait-il pas lieu !

Roland, ne pouvant remplir les vues de l'armateur chez lequel il était entré, quitte Nantes, et se rend à Rouen ; là, un de ses parents auquel il s'adresse reconnaît la valeur du jeune homme, et lui fait obtenir la place d'inspecteur des manufactures.

Dès lors, la vie de Roland devient une vie d'étude et de travail ; l'économie est sa muse, le commerce son dieu inspirateur ; il voyage, il recueille, il écrit! Il écrit des mémoires sur l'éducation des troupeaux, des théories sur les arts mécaniques, les *Lettres de Sicile, d'Italie, de Malte*, le *Financier français* et les autres ouvrages que nous avons déjà cités, et qu'il fait copier à sa femme, qu'il épouse, comme nous l'avons dit, en 1780. Quatre ans après, il fait avec elle un voyage en Angleterre. A son retour, il l'envoie à Paris solliciter des lettres de noblesse, et demander l'inspection de Lyon au lieu de celle de Rouen : pour l'inspection, elle réussit ; pour les lettres de noblesse, elle échoue. Voilà Roland à Lyon, et, malgré lui, du parti populaire, vers lequel, d'ailleurs, le poussent ses instincts et ses convictions. Il exerce donc les fonctions d'inspecteur du commerce et des manufactures de la généralité de Lyon, quand la révolution éclate, et qu'à cette aube nouvelle et régénératrice, lui et sa femme sentent germer dans leur cœur cette belle plante aux feuilles d'or et à la fleur de diamant qu'on appelle l'enthousiasme. — Nous avons vu comment madame Roland écrit la relation de la fête du 30 mai, comment le journal qui la publie se tire à soixante mille exemplaires, et comment chaque garde national qui retourne dans son village, dans son bourg ou dans sa ville emporte une portion de l'âme de madame Roland.

Et, comme le journal n'est point signé, comme l'article n'est point signé, chacun peut penser que c'est la Liberté elle-même qui, descendue sur la terre, a dicté à quelque néophyte inconnu la relation de sa fête, de même qu'un ange dictait l'évangile à saint Jean.

Les deux époux étaient là, pleins de croyance, pleins de foi, pleins d'espoir, au milieu d'un petit cercle d'amis, — Champagneux, Bosc, Lanthenas, deux ou trois autres peut-être, — quand le cercle s'augmenta d'un nouvel ami.

Lanthenas, qui vivait familièrement chez les Roland, qui y passait des jours, des semaines, des mois, amena un soir un de ces électeurs dont madame Roland avait tant admiré le compte-rendu.

On nommait le nouveau présenté Bancal des Issards.

C'était un homme de trente-neuf ans, beau, simple, grave, tendre et religieux; rien de précisément brillant, mais ayant le cœur bon, l'âme charitable.

Il avait été notaire, et avait quitté sa charge pour se jeter tout entier dans la politique et la philosophie.

Au bout de huit jours que le nouvel

hôte était dans la maison. Lanthenas, Roland et lui se convenaient si bien, ce groupe formait une si harmonieuse trinité dans son dévouement à la patrie, dans son amour pour la liberté, dans son respect pour toutes les choses saintes, que les trois hommes résolurent de ne plus se quitter, de vivre ensemble et à frais communs.

Ce fut surtout quand Bancal les eût abandonnés momentanément, que le besoin de cette réunion se fit sentir.

« Venez, mon ami, lui écrivait Roland ; que tardez-vous ? Vous avez vu notre manière franche et ronde de vivre et d'agir ; ce n'est point à mon âge que l'on change, quand on n'a jamais varié. Nous prêchons le patriotisme ; nous élevons l'âme. Lanthenas fait son métier de docteur ; ma femme est la garde-malade du canton ; vous et moi, nous gérerons les affaires de la société. »

La réunion de ces trois médiocrités dorées faisait, en effet, quelque chose qui ressemblait à une petite fortune. Lanthenas possédait vingt mille livres à peu près ; Roland, soixante mille ; Bancal, cent mille.

En attendant, Roland remplissait sa mission, mission d'apôtre, et catéchisait, dans ses courses d'inspecteur, les paysans de la contrée. Excellent marcheur, le bâton à la main, ce pèlerin de l'humanité allait du nord au midi, de l'est à l'ouest, semant sur son chemin, à droite et à gauche, devant et derrière lui, la parole nouvelle, le grain fécond de la liberté. Bancal, simple, éloquent, passionné, sous une froide enveloppe, était pour Roland un aide, un disciple, un second lui-même; l'idée ne venait pas même à l'esprit du futur collègue de Clavières et de Dumouriez que Bancal pût aimer sa femme, et sa femme aimer celui-ci. Depuis cinq ou six ans, Lanthenas, tout jeune homme, n'était-il pas près de la femme chaste, laborieuse, sobre et pure, comme un frère près d'une sœur? Madame Roland, sa Jeanne, n'était-ce pas la statue de la force et de la vertu ?

Aussi Roland fut bien heureux quand, au billet que nous venons de citer, Bancal répondit une lettre affectueuse et pleine de tendre adhésion. Roland reçut cette lettre à Lyon, et l'envoya immédiatement à la Plâtrière, où était sa femme.

Oh! ne me lisez pas! lisez Michelet, si vous voulez, par une simple analyse, bien connaître cette admirable créature qu'on appelle madame Roland.

Elle reçut la lettre par une de ces chaudes journées où l'électricité court dans l'air, où les cœurs les plus froids s'animent, où le marbre lui-même rêve et frissonne. On était déjà en automne, et, cependant, un large orage d'été grondait au ciel.

Depuis le jour où elle avait vu Bancal, quelque chose d'inconnu s'était éveillé dans le cœur de la chaste femme ; ce cœur s'était ouvert, et, comme du calice d'une fleur, il en était sorti un parfum ; un chant doux comme celui de l'oiseau au fond des bois gazouillait à son oreille. On eût dit que le printemps se faisait pour son imagination, et que, dans le champ inconnu qu'elle entrevoyait derrière le brouillard qui l'obstruait encore, la main de ce puissant machiniste qu'on appelle Dieu, préparait une décoration nouvelle pleine de bosquets odorants, de fraîches cascades, de pelouses pleines d'ombre, d'échappées pleines de soleil.

Elle ne connaissait pas l'amour, mais, comme toutes les femmes, elle le devinait ; elle comprit le danger, et, les larmes aux yeux, mais souriante, elle alla droit à une table, et, sans hésitation, sans détour, elle écrivit à Bancal, montrant, pauvre Clorinde blessée, le défaut de son armure, faisant l'aveu, et, du même coup, tuant l'espoir que cet aveu pouvait faire naître.

Bancal comprit tout, ne parla plus de réunion, passa en Angleterre, et y resta deux ans.

C'étaient des cœurs antiques que ces cœurs-là ! Aussi, j'ai pensé qu'il serait doux à mes lecteurs, après tous les tumultes et toutes les passions qu'ils viennent de traverser, de se reposer un instant à l'ombre fraîche et pure de la beauté, de la force et de la vertu.

Qu'on ne dise pas que nous faisons madame Roland autre qu'elle n'était : chaste dans l'atelier de son père, chaste près de la couche de son vieil époux, chaste près du berceau de son enfant ; à cette heure où l'on ne ment pas, elle écrivait en face de la guillotine : « J'ai toujours commandé à mes sens, et personne moins que moi n'a connu la volupté. »

Et qu'on ne fasse pas à la froideur de

la femme le mérite de son honnêteté ;
non, l'époque à laquelle nous sommes
arrivés est une époque de haines, je le
sais, mais aussi une époque d'amour ;
la France donnait l'exemple. Pauvre
captive longtemps emprisonnée, longtemps aux fers, on détachait ses chaînes,
on la rendait à la liberté : comme Marie-
Stuart sortant de sa prison, elle eût voulu
déposer un baiser sur les lèvres de la
création, réunir la nature tout entière
dans ses bras, la féconder de son souffle, pour qu'il en naquît la liberté du
pays et l'indépendance du monde.

Non, toutes ces femmes aimaient saintement, tous ces hommes aimaient ar-
demment : Lucile et Camille Desmou-

lins, Danton et sa Louise, mademoiselle de Keralio et Robert, Sophie et Condorcet, Vergniaud et mademoiselle Candeille; il n'y eut pas jusqu'au froid et tranchant Robespierre, froid et tranchant comme le couteau de la guillotine, qui ne sentît son cœur se fondre à ce grand foyer d'amour : il aima la fille de son hôte, la fille du menuisier Duplay, avec lequel nous allons le voir faire connaissance.

Et n'était-ce pas de l'amour encore,— de l'amour moins pur, je le sais ; mais n'importe ! l'amour est la grande vertu des cœurs ! — que l'amour de madame Tallien, que l'amour de madame de Beauharnais, que l'amour de madame de Genlis, que tous ces amours dont le souffle consolateur effleure jusque sur l'échafaud le visage pâle des mourants?

Oui, tout le monde aimait à cette bienheureuse époque, et prenez ici le mot amour dans tous les sens : les uns aimaient l'idée; les autres, la matière; ceux-ci, la patrie; ceux-là, le genre humain. Depuis Rousseau, le besoin d'aimer avait toujours été croissant; on eût dit qu'il fallait se hâter de saisir tout amour au passage; on eût dit qu'à l'approche de la tombe, du gouffre, de l'abîme, tout cœur palpitait d'un souffle inconnu, passionné, dévorant; on eût dit, enfin, que chaque poitrine puisait son haleine au foyer universel, et que, ce foyer, c'étaient tous les amours fondus dans un seul amour.

Nous voilà loin de ce vieillard et de cette jeune femme écrivant au troisième étage de l'hôtel Britannique ; — revenons-y.

IX

Les premiers Républicains.

Le 20 février 1791, Roland avait été envoyé de Lyon à Paris comme député extraordinaire : sa mission était de plaider la cause de vingt mille ouvriers sans pain.

Il était depuis cinq mois à Paris lorsqu'était arrivé ce terrible évènement de Varennes, qui eut une telle influence sur la destinée de nos héros et sur le sort de la France, que nous avons cru devoir lui consacrer près de deux volumes.

Or, depuis le retour du roi, — 25 juin, — jusqu'au jour où nous sommes arrivés, — 16 juillet, — il s'était passé bien des choses.

Tout le monde avait crié : « Le roi se sauve ! » tout le monde avait couru après le roi ; tout le monde l'avait ramené à Paris ; et, une fois le roi de retour, une fois le roi à Paris, une fois le roi aux Tuileries, personne ne savait plus qu'en faire !

Chacun apporte son avis; les avis soufflent de tous les côtés ; on dirait des vents pendant la tempête ; malheur au vaisseau qui est en mer par un pareil orage !

Le 21 juin, jour de la fuite du roi, les Cordeliers avaient fait leur affiche, signée de Legendre, ce boucher français que la reine indiquait comme pendant au boucher anglais Harrison.

L'affiche portait ces vers pour épigraphe :

<blockquote>
Si, parmi les Français, il se trouvait un traître
Qui regrettât les rois, et qui voulût un maître,
Que le perfide meure au milieu des tourments,
Et que sa cendre soit abandonnée aux vents !
</blockquote>

Les vers étaient de Voltaire; ils étaient mauvais et rimaient mal; mais ils avaient le mérite d'exprimer nettement la pensée des patriotes dont ils décoraient l'affiche.

Cette affiche déclarait que tous les Cordeliers avaient fait serment de poignarder les tyrans qui oseraient attaquer le territoire, la liberté et la constitution.

Quant à Marat, — qui marche toujours seul, et qui donne pour prétexte de son isolement que l'aigle vit solitaire, et que les dindons vivent en troupe, — Marat propose un dictateur.*

« Prenez, dit-il dans son journal, pre-

nez un bon Français, un bon patriote ;
prenez le citoyen qui, depuis le commencement de la révolution, montre le plus
de lumières, de zèle, de fidélité et de
désintéressement ; prenez-le sans plus
tarder, ou la cause de la révolution est
perdue ! »

Ce qui voulait dire : « Prenez Marat. »

Quant à Prudhomme, il ne propose
ni un homme ni un gouvernement
nouveau ; seulement, il abomine l'ancien, dans la personne du roi et de ses
descendants. Écoutons-le.

« Le surlendemain lundi, dit-il, on fit
prendre l'air au Dauphin le long de la

terrasse des Tuileries donnant sur la rivière. Quand on apercevait un groupe assez considérable de citoyens, un grenadier soldé prenait l'enfant dans ses bras, et l'asseyait sur le rebord en pierre de la terrasse. Le bambin royal, fidèle à sa leçon du matin, envoyait des baisers au peuple. C'était crier merci pour son papa et sa maman. Quelques spectateurs eurent la lâcheté de crier : « Vive le Dauphin ! »

« Citoyens ! soyez en garde contre les cajoleries d'une cour rampante avec le peuple quand elle n'est pas la plus forte ! »

Puis, après ces lignes, venaient immédiatement celles-ci :

« Ce fut le 27 janvier 1648 que le parlement d'Angleterre condamna Charles Ier à avoir la tête tranchée, pour avoir voulu étendre les prérogatives royales, et se maintenir dans les usurpations de Jacques Ier, son père ; ce fut le 30 du même mois qu'il expia ses forfaits, presque légitimés par l'usage, et consacrés par un parti nombreux ; mais la voix du peuple s'était fait entendre : le parlement déclara le roi FUGITIF, TRAITRE, ENNEMI PUBLIC, et Charles Stuart fut décollé devant la salle des festins du palais de Withe-Hall. »

Bravo, citoyen Prudhomme ! au moins, vous n'êtes pas en retard, et, le 21 janvier 1793, lorsque à son tour

Louis XVI sera décollé, vous aurez le droit de réclamer l'initiative, ayant proposé l'exemple le 27 juin 1791.

Il est vrai que M. Prudhomme, — ne pas confondre avec celui de notre spirituel ami Monnier; celui-là est un sot, mais un honnête homme; — il est vrai que M. Prudhomme se fera plus tard royaliste et réactionnaire, et publiera l'*Histoire des crimes commis pendant la Révolution*.

La belle chose que la conscience !

La *Bouche de fer* est plus franche, elle : point d'hypocrisie, point de paroles à double entente, point de sens perfide.

C'est Bonneville, le loyal, le hardi, le jeune Bonneville, un fou admirable qui divague dans les circonstances vulgaires, mais qui ne se trompe jamais dans les grandes, c'est lui qui la rédige. Elle est ouverte, la *Bouche de fer,* rue de l'Ancienne-Comédie, près de l'Odéon, à deux pas du club des Cordeliers.

« On a effacé du serment, dit-il, le mot infâme de *roi*. Plus de rois ! plus de mangeurs d'hommes ! On changeait souvent de nom jusqu'ici, et l'on gardait toujours la chose. Point de régent ! point de dictateur ! point de protecteur ! point de d'Orléans ! point de la Fayette ! Je n'aime pas ce fils de Philippe d'Orléans qui prend justement ce jour pour monter la garde aux Tuileries, ni son père, qu'on ne voit jamais à l'Assemblée, et qu'on voit toujours sur la terrasse à la porte des Feuillants. Est-ce qu'une nation a besoin d'être toujours en tutelle? Que nos départements se confédèrent et déclarent qu'ils ne veulent ni tyran, ni monarque, ni protecteur, ni régent, ni aucune de ces ombres de rois, ombres aussi funestes à la chose publique que l'ombre de cet arbre maudit, le bohom-upas, dont l'ombre est mortelle.

« Mais il ne suffit pas de dire : « République ! » Venise aussi fut république. Il faut une communauté nationale, un gouvernement national ; assemblez le peuple à la face du soleil ; proclamez que la loi doit seule être souveraine : jurez qu'elle régnera seule. Il n'y a pas un ami de la liberté sur la terre qui ne répète le serment! »

Quant à Camille Desmoulins, il était monté sur une chaise dans le Palais-Royal, c'est-à-dire sur le théâtre ordinaire de ses exploits oratoires, et il avait dit :

« Messieurs, il serait malheureux que cet homme perfide nous fût ramené. Qu'en ferions nous? Il viendrait, comme Thersyte, nous verser ces larmes grasses dont parle Homère. Si on nous le ramène, je fais la motion qu'on l'expose trois jours à la risée publique, le mouchoir rouge sur la tête, et qu'on le conduise ensuite par étapes jusqu'aux frontières. »

De toutes les propositions, avouons-le, celle de cet enfant terrible qu'on appelle Camille Desmoulins n'était pas la plus folle.

Encore un mot; il peindra assez bien le sentiment général. C'est Dumont qui le dit, un Génevois pensionné de l'Angleterre, et qui, par conséquent, n'est pas suspect de partialité pour la France.

« Le peuple sembla inspiré d'une sagesse suprême. « Voilà un grand em-
« barras parti! » disait-il gaîment ;
« mais si le roi nous a quittés, la nation

« reste : il peut y avoir une nation sans
« roi, mais non pas un roi sans na-
« tion. »

On voit qu'au milieu de tout cela, le mot *République* n'a encore été prononcé que par Bonneville. Ni Brissot, ni Danton, ni Robespierre, ni même Pétion, n'osent relever ce mot : il effraie les Cordeliers, il indigne les Jacobins.

Le 13 juillet, Robespierre s'est écrié à la tribune : « Je ne suis ni républicain ni monarchiste ! »

Si l'on eût mis Robespierre au pied du mur, il eût été, comme on voit, bien embarrassé de dire ce qu'il était.

Eh bien, tout le monde en était à peu près là, excepté Bonneville et cette femme qui, en face de son mari, recopie une protestation à ce troisième étage de la rue Guénégaud.

Le 22 juin, le lendemain du départ du roi, elle écrivait :

« Le sentiment de la république, l'indignation contre Louis XVI, la haine des rois s'exhalent ici de partout. »

Le *sentiment,* vous le voyez, le *sentiment* de la république est dans les cœurs, mais le nom de la république est à peine dans quelques bouches.

L'Assemblée surtout lui est hostile.

Le grand malheur des assemblées est de s'arrêter toujours au moment où elles ont été élues, de ne point tenir compte des évènements, de ne point marcher avec l'esprit du pays, de ne point suivre le peuple où il va, et de prétendre qu'elles continuent à représenter le peuple.

L'Assemblée disait :

« Les mœurs de la France ne sont point républicaines! »

L'Assemblée joûtait avec M. de la Palisse, et, à notre avis, l'emportait sur l'illustre diseur de vérités. Qui aurait formé les mœurs de la France à la république? Est-ce la monarchie? Non pas;

la monarchie n'était pas si bête : la monarchie a besoin d'obéissance, de servilité, de corruption, et elle forme les mœurs à la corruption, à la servilité, à l'obéissance. C'est la république qui forme les mœurs républicaines ; ayez d'abord la république, et les mœurs républicaines viendront après.

Il y avait eu, cependant, un moment où la proclamation de la république eût été facile : c'était au moment où l'on apprit que le roi était parti emmenant le Dauphin. Au lieu de courir après eux et de les ramener, il fallait leur donner les meilleurs chevaux des écuries postales, de vigoureux postillons avec des fouets aux mains, des éperons aux bottes ; il fallait pousser les courtisans derrière eux, les prêtres derrière les courtisans, et fermer la porte par-dessus tout cela.

La Fayette, qui avait quelquefois des éclairs, rarement des idées, eut un de ces éclairs-là.

A six heures du matin, on vint lui dire que le roi, la reine et la famille royale étaient partis ; on eut toutes les peines du monde à le réveiller : il dormait de ce sommeil historique qu'on lui avait déjà reproché à Versailles.

— Partis ? dit-il, impossible ! j'ai laissé Gouvion dormant appuyé à la porte de leur chambre à coucher !

Cependant, il se lève, s'habille et descend. A la porte, il rencontre Bailly, le maire de Paris, Beauharnais, le président de l'Assemblée; Bailly ayant le nez plus long et la figure plus jaune que jamais; Beauharnais consterné!

Chose curieuse, n'est-ce pas? Le mari de Joséphine, qui, mourant sur l'échafaud, laisse sa veuve sur le chemin du trône, est consterné de la fuite de Louis XVI!

— Quel malheur! s'écrie Bailly, que l'Assemblée ne soit pas réunie encore!

— Oh! oui, dit Beauharnais, c'est un grand malheur!

— Tiens! dit la Fayette; ainsi il est parti?...

— Hélas! oui! répondent en chœur les deux hommes d'Etat.

— Pourquoi *hélas?* demanda la Fayette.

— Comment, vous ne comprenez pas! s'écrie Bailly. Parce qu'il va revenir avec les Prussiens, les Autrichiens, les émigrés; parce qu'il va nous ramener la guerre civile, la guerre étrangère!

— Alors, dit la Fayette, mal convaincu, *vous pensez que le salut public exige le retour du roi?*

— Oui, dirent d'un seul cri Bailly et Beauharnais.

— En ce cas, dit la Fayette, courons après lui !

Et il écrit ce billet :

« Les ennemis de la patrie *ayant enlevé le roi,* il est ordonné aux gardes nationaux de les arrêter. »

En effet, remarquez bien cela ; toute la politique de l'année 1791, toute la fin de l'Assemblée nationale va rouler là-dessus.

Puisque le roi est nécessaire à la France, puisqu'on doit le ramener, il faut qu'il ait été *enlevé*, et non pas qu'il se soit sauvé.

Tout cela n'avait pas convaincu la Fayette. Aussi, en envoyant Romeuf, lui avait-il recommandé de ne pas trop se presser : il avait pris la route opposée à celle que suivait Louis XVI, pour être sûr de ne pas le rejoindre.

Malheureusement, sur la véritable route était Billot.

Quand l'Assemblée sut la nouvelle, il y eut terreur. A la vérité, le roi avait, en partant, laissé une lettre fort menaçante ; il faisait parfaitement comprendre qu'il allait chercher l'ennemi, et reviendrait mettre les Français à la raison.

Les royalistes, de leur côté, levaient la tête et haussaient le ton. Un d'eux — Suleau, je crois, — écrivait :

« Tous ceux qui voudront être compris dans l'amnistie que nous offrons à nos ennemis, au nom du prince de Condé, pourront se faire inscrire dans nos bureaux d'ici au mois d'août. Nous aurons quinze cents registres pour la commodité du public. »

Un de ceux qui eurent la plus grande peur fut Robespierre. La séance ayant été suspendue de trois heures et demie à cinq heures, il courut chez Pétion ; le faible cherchait le fort.

Selon lui, la Fayette était complice de la cour ; il ne s'agissait pas moins que de faire une Saint-Barthélemy de députés.

— Je serai un des premiers tués ! s'écriait-il lamentablement; je n'en ai pas pour vingt-quatre heures!

Pétion, tout au contraire, d'un caractère calme, et d'un tempérament lymphatique, voyait les choses autrement.

— Bon! dit-il, maintenant, on connaît le roi, et l'on agira en conséquence!

Brissot arriva; c'était un des hommes les plus avancés de l'époqne; il écrivait dans le *Patriote*.

— On fonde un nouveau journal dont je serai l'un des rédacteurs, dit-il.

— Lequel? demanda Pétion.

— Le *Républicain*.

Robespierre grimaça un sourire.

— Le *Républicain?* dit-il ; je voudrais bien que vous m'expliquassiez ce que c'est que la république...

Ils en étaient là, quand, chez Pétion, leur ami, arrivèrent les deux Roland : le mari austère et résolu comme toujours ; la femme calme, plutôt souriante qu'effrayée, avec ses beaux yeux clairs et parlants. Ils venaient de chez eux, de la rue Guénégaud ; ils avaient vu l'affiche des Cordeliers ; comme les Cordeliers, ils ne croyaient pas le moins du monde qu'un roi fût nécessaire à une nation.

Le courage du mari et de la femme rend du cœur à Robespierre ; il rentre à la séance en observateur, prêt à profiter de tout, du coin où il siége, comme le renard embusqué au bord de son terrier. Vers neuf heures du soir, il voit que l'assemblée tourne au sentimentalisme, qu'on prêche la fraternité, et que, pour joindre l'exemple à la théorie, on va aller en masse aux Jacobins, avec lesquels on est très mal, et que l'on appelle une bande d'assassins.

Alors, il glisse de son banc, rampe vers la porte, s'esquive sans être remarqué, court aux Jacobins, monte à la tribune, dénonce le roi, dénonce le ministère, dénonce Bailly, dénonce la Fayette, dénonce l'Assemhlée tout entière, répète la fable du matin, déroule une Saint-Barthélemy imaginaire, et finit par dévouer son existence sur l'autel de la patrie.

Quand Robespierre parlait de lui-même, il arrivait à une certaine éloquence. A cette idée que le vertueux, que l'austère Robespierre court un si grand danger, on sanglotte. « Si tu meurs, nous mourrons tous avec toi! » crie une voix. « Oui! oui! tous! tous! » répètent en chœur les assistants ; et les uns étendent la main pour jurer, les autres tirent l'épée, les autres tombent à genoux les bras levés au ciel. — On levait beaucoup les bras au ciel dans ce temps-là ; c'était le geste de l'époque : voyez plutôt le *Serment du jeu de paume* de David.

Madame Roland était là, ne comprenant pas trop bien quel danger pouvait courir Robespierre ; mais, enfin, elle était femme ; par conséquent, accessible à l'émotion ; l'émotion était grande : elle fut émue ; elle-même l'avoue.

En ce moment, Danton entre ; popularité naissante, c'était à lui d'attaquer la popularité chancelante de la Fayette.

Pourquoi cette haine de tout le monde contre la Fayette ?

Peut-être parce qu'il était honnête homme, et toujours dupe des partis, pourvu que les partis en appelassent à sa générosité.

Aussi, au moment où l'on annonce l'Assemblée ; où, pour donner l'exemple de la fraternité, Lameth et la Fayette, ces deux ennemis mortels, entrent bras dessus, bras dessous, de tous côtés ce cri se fait entendre :

— Danton, à la tribune !... A la tribune, Danton !...

Robespierre ne demandait pas mieux que de céder la place ; Robespierre, nous l'avons dit, était un renard, et non un dogue : il poursuivait l'ennemi absent, sautait sur lui par derrière, se cramponnait à ses épaules, lui rongeait le crâne jusqu'à la cervelle, mais l'attaquait rarement en face.

La tribune était donc vide, attendant Danton.

Seulement, il était difficile à Danton d'y monter.

S'il était le seul homme qui *dût* attaquer la Fayette, la Fayette était peut-être le seul homme que Danton ne pût pas attaquer.

Pourquoi?

Ah! nous allons vous le dire. Il y avait beaucoup de Mirabeau dans Danton, comme il y avait beaucoup de Danton dans Mirabeau : même tempérament, même besoin de plaisirs, mêmes nécessités d'argent, et, par conséquent, même facilité de corruption.

On assurait que, comme Mirabeau, Danton avait reçu de l'argent de la cour.

Où ? par quelle voie ? combien ? On l'ignorait ; mais il en avait reçu ; on en était sûr ; — on le disait du moins.

Voici ce qu'il y avait de réel dans tout cela.

Danton venait de *rendre* au ministère sa charge d'avocat au conseil du roi, et l'on disait qu'il avait reçu du ministère quatre fois le prix de sa charge.

C'était vrai ; seulement, ce secret était entre trois personnes : le vendeur, Danton ; l'acheteur, M. de Montmorin ; l'intermédiaire, M. de la Fayette.

Si Danton accusait la Fayette, la Fayette pouvait lui jeter en plein visage l'histoire de cet office vendu quatre fois sa valeur.

Un autre eût reculé.

Danton, au contraire, marcha en avant. Il connaissait la Fayette, cette générosité de cœur qui dégénéra parfois en niaiserie; — rappelons-nous 1830.

Danton se dit que M. de Montmorin, ami de la Fayette ; que M. de Montmorin, qui avait signé les passeports du roi, était trop compromis en ce moment pour que la Fayette vînt lui attacher au cou cette nouvelle pierre.

Il monta à la tribune.

Son discours ne fut pas long.

— Monsieur le président, dit-il, j'accuse la Fayette. Le traître va venir. Que l'on dresse deux échafauds, et je consens à monter sur l'un, s'il n'a pas mérité de monter sur l'autre !

Le *traître* n'allait pas venir : il venait, il put entendre l'accusation terrible qui sortait de la bouche de Danton; mais, comme celui-ci l'avait prévu, il eut la générosité de ne pas y répondre.

Lameth se chargea de ce soin; il répandit sur la lave de Danton l'eau tiède d'une de ses pastorales ordinaires; il prêcha la fraternité.

Puis vint Sieyès, qui prêcha aussi la fraternité.

Puis Barnave, qui reprêcha la fraternité.

Ces trois popularités finirent par l'emporter sur celle de Danton. On sut gré à Danton d'avoir attaqué la Fayette ; mais on sut gré à Lameth, à Sieyès et à Barnave de l'avoir défendu ; et, quand la Fayette et Danton sortirent des Jacobins, ce fut la Fayette qu'on accompagna avec des flambeaux, que l'on reconduisit avec des acclamations.

Le parti de la cour venait de remporter une grande victoire dans cette ovation de la Fayette.

Les deux grandes puissances du jour étaient battues dans la personne de leurs chefs :

Les Jacobins, dans Robespierre ;

Les Cordeliers, dans Danton.

Je vois bien qu'il faut encore que je remette à l'autre chapitre de dire quelle était cette protestation que madame Roland copiait en face de son mari, dans ce petit salon du troisième étage de l'hôtel Britannique.

FIN DU ONZIÈME VOLUME.

TABLE

DU ONZIÈME VOLUME.

Chap. I. La voie douloureuse.   1
    II. La voie douloureuse. 35
    III. La voie douloureuse 69
    IV. Le Calvaire. 103
    V. Le Calice. 145
    VI. Le coup de lance. 169
    VII. Date lilia. 199
    VIII. Un peu d'ombre après le soleil . . . 245
    IX. Les premiers Républicains. 269

Sceaux. Impr. de E. Dépée.

EN VENTE.

LE CHEVALIER D'ESTAGNOL, Par LE MARQUIS DE FOUDRAS, 4 volumes.

FERNAND DUPLESSIS, Par EUGÈNE SUE, 6 volumes.

LA TOUR DE DAGO, Par A. DE GONDRECOURT, 5 volumes (*Inédit*).

LE VICOMTE RAPHAËL, Par XAVIER DE MONTÉPIN, 5 volumes (*Inédit*).

NELLY, Par AMÉDÉE ACHARD, 2 volumes.

LE MORNE AUX SERPENTS, Par G. DE LA LANDELLE, 2 volumes.

LES DRAMES DE PROVENCE, Par ANDRÉ THOMAS, 4 volumes.

LES BELLES DE NUIT, Par PAUL FÉVAL, 8 volumes.

DIANE ET VÉNUS, Par LE MARQUIS DE FOUDRAS, 4 volumes.

PARIS ET REVANCHE, Par MAXIMILIEN PERRIN, 2 volumes.

Impr. de E. Dépée, à Sceaux.

www.ingramcontent.com/pod-product-compliance
Lightning Source LLC
Chambersburg PA
CBHW071328150426
43191CB00007B/654